"Rosas al ritmo de la esperanza"

Un legado de las bandas musicales del Rose Parade 2020

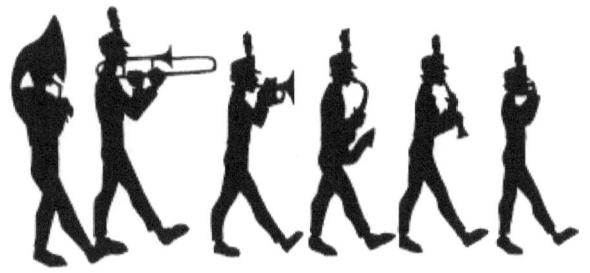

Escrito por:

Sonia B. F. Arias   Miriam Burbano

Rosas al ritmo de la esperanza
Un legado de las bandas musicales del Rose Parade 2020
Derechos reservados 2019

Reservados todos los derechos de reproducción total o parcial de esta obra, ni tampoco su incorporación a un sistema informático, ni su transmisión en cualquier forma o por cualquier medio (electrónico, mecánico, fotocopia, grabación u otros) sin autorización previa y por escrito del autor(es) Sonia B. F. Arias - Miriam Burbano

La infracción de dichos derechos puede constituir un delito contra la propiedad intelectual.

Impreso en USA

Escrito por: Sonia B. F. Arias y Miriam Burbano
En colaboración con el comité del
Tournament of Roses

ISBN: *9781707045860*

Rosas al ritmo de la esperanza

"La esperanza es esa cosa con plumas que se posa en el alma y entona melodías sin palabras, y no se detiene para nada"

Emily Dickinson

Rosas al ritmo de la esperanza

Índice

Dedicatoria	7
Agradecimientos	9
Prefacio	11
De nuestro editorial	13
Quienes somos	15
Nelly Orona	17
Sonia Arias	21
Miriam Burbano	27
Glorianna Arias	31
Laura Farber	33
Mariela Spillari	37
Jeannette M. Collier	39
Eugene Smith	41
Christopher Fontes	43
Rafael Sánchez III	45
Randy López	47
Bandas Musicales Rose Parade 2020	49
Rancho Verde Crimson Regiment	51
Banda de los Aguiluchos	63
West Harrison Hurricaine Band	71
Banda Municipal de Zarcero	75
Pearland Marching Band	83
Centenaria Banda Colegial	89
Baldwinsville Marching Bees	95
Kamehameha Performing Arts Ensamble	103
Greendale High School Marching Band	109

Rosas al ritmo de la esperanza

Banda El Salvador, Grande Como Su Gente   115
Dobyns Bennett High School Marching Band   125
Japan Honor Green Band   131
Alhambra Unified School District Marching Band   139
The Pride of Owasso   151
Southern University Human Jukebox Marching Band   157
Elsinore Girls Marching Band   163

Dedicatoria

Dedicamos esta antología a todos los jóvenes que con su esfuerzo y disciplina, logran absoluto dominio sobre los instrumentos musicales, al punto de llevar el nombre de su banda muy en alto.

De esta manera estos músicos, enorgullecen a sus pueblos y ciudades a la vez que proyectan su música internacionalmente.

También dedicamos esta obra literaria a sus maestros que por medio de sus disciplinadas prácticas, hacen una diferencia en el mundo actual, donde hay tanto riesgo para la juventud.

Una dedicación muy especial a los padres de familia y a la comunidad a la cual estos jóvenes pertenecen porque sabemos que solo con su apoyo y esfuerzo económico, pueden cubrir los costos para que los integrantes de las bandas cumplan su sueño de participar en el Rose Parade.

No podríamos dejar fuera a las personas que se dedican al arte floral y que con sus manos prodigiosas, crean la magia de las carrozas participantes en este magno desfile.

Y finalmente una mención muy especial a todos los que en una manera u otra contribuyen a que este evento internacional del Rose Parade, engalane las calles principales de Pasadena, California.

Miriam Burbano
Sonia B. F. Arias

Rosas al ritmo de la esperanza

Agradecimientos

Agradecemos al Comité Organizador del Rose Parade 2020 especialmente a su presidente la señora Laura Farber y a la señora Mariela Spillari, Senior Manager del Comité por su apoyo para que esta antología se hubiera podido escribir.

Gracias por proveernos los recursos de información que necesitábamos para escribirla.

Agradecemos a todos los directores de las bandas quienes tomaron su tiempo y amablemente nos brindaron la información y las fotografías de sus bandas para completar esta obra.

Y a todas las personas en general que de una u otra forma contribuyeron con nosotros y nos brindaron su apoyo para publicar esta antología musical.

A todos ustedes muchas gracias.

Sonia B. F. Arias
Miriam Burbano

Rosas al ritmo de la esperanza

Prefacio

Las bandas musicales que participan en el Rose Parade de Pasadena, han sido un elemento muy importante que le dan un realce de alegría y entusiasmo a este espectacular evento de Año Nuevo.

El primer desfile del Rose Parade se realizó el 1 de enero de 1890 en Pasadena, California.

Esta tradicional fiesta de hermosos carruajes tirados por caballos adornados con flores y coloridas carrozas al compás de las bandas musicales internacionales, fue una idea original del Club de Cazadores del Valle.

Este club hizo historia sobre esta tradición de Año Nuevo, desde que aquel primer evento que tomó lugar ciento treinta años atrás.

Desde que la tecnología lo hizo posible, muchas importantes cadenas de televisión del mundo entero transmiten el primero de enero, este majestuoso desfile de bandas musicales, carrozas y comparsas el cual, los televidentes esperan con gran entusiasmo.

Laura Farber, la actual presidenta de la Junta del Tournament of Roses, dijo a la prensa que elegir el tema del desfile "El poder de la esperanza", trae recuerdos sobre la historia de su familia.

Farber nació en Buenos Aires, Argentina, pero debido a problemas políticos en su país, su familia llegó como inmigrante a los Estados Unidos a fines de los años sesenta.

"Dejaron todo y a todos atrás. Vinieron sin nada. No conocían a nadie. Tenían que aprender una nueva cultura e idioma, pero este país representaba un faro de esperanza; esperanza de libertad de expresión, de religión y mayores oportunidades educativas y económicas ", dijo Farber.

 También Laura Farber declaró que ella cree en la importancia que las bandas musicales participantes aportan al desfile un impacto positivo porque sus historias, ritmos y su buena vibra inspiran al público.

 La Asociación de Escritores Latinoamericanos ADELA, felicita a todas las bandas participantes nacionales e internacionales que forman parte de esta primera antología.

 Esta antología es un legado de las bandas para todo el mundo, además de las melodías que aportan las notas musicales para generar un ambiente hermoso en Pasadena, California.

 El Rose Parade es un evento al que asisten al menos ochocientas mil personas de diferentes partes de Estados Unidos y del mundo entero.

 Este lujoso y colorido desfile es transmitido internacionalmente alcanzando a cuarenta y cuatro millones de televidentes de Estados Unidos y aproximadamente a veintiocho millones en el mundo entero.

De nuestra editorial

Año a año y con una inmensa alegría, las bandas musicales invitadas a participar en el Rose Parade de Pasadena, California acogen la meta de lucir sus destrezas musicales a su máximo exponente.

Estos jóvenes y sus directores dedican largas horas de ensayo, sacrificando parte de su tiempo de diversión, además de no descuidar sus estudios académicos.

Este es el ambiente que viven por algunos meses más de tres mil jóvenes de Estados Unidos y de otros países del mundo una vez aceptan la invitación para participar en el desfile.

El Rose Parade no es un espectáculo más y ellos lo saben, es un honor para las bandas musicales participantes el haber sido seleccionadas e invitadas a participar del evento.

Este famoso evento internacional, es algo espectacular porque en el mismo se unen las fabulosas bandas musicales con los artísticos y creativos diseños florales de las majestuosas carrozas que desfilan al ritmo de las notas musicales de cada una de las bandas.

La participación de las bandas le dan al ambiente del desfile, ese toque de alegría y la música folclórica de diferentes culturas del mundo le inyectan a la audiencia una vibra positiva indescriptible.

Esta combinación es realmente muy difícil de encontrar en otro tipo de eventos.

Uno de los mayores propósitos y metas de la participación de las bandas musicales es reunir diferentes grupos étnicos y distintas culturas a través del lenguaje universal que representa la música.

Rosas al ritmo de la esperanza

Para nosotras, como autoras de esta antología es un gran honor el poder escribirla y así poder dejar un legado a las bandas musicales participantes del 2020.

La experiencia única de haber escrito esta antología, nos llena de una gran satisfacción.

No podemos dejar de expresar nuestro eterno agradecimiento al Comité del Tournament of Roses 2020, muy especialmente a su presidente, Laura Farber y a la Senior Manager del Comité, Mariela Spillari lo mismo que a los directores de cada una de las bandas por sus valiosos aportes, fotografías e información sobre su banda.

Sin su importante ayuda esta antología no se hubiera escrito.

        Sonia B. F. Arias   Miriam Burbano

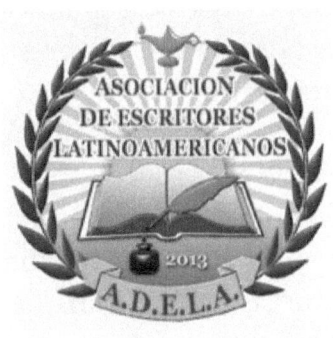

Quienes somos

La Asociación de Escritores Latinoamericanos, ADELA, se proyecta a las comunidades hispanas, que residen en el mundo entero por medio de los libros de todos los géneros literarios que han sido publicados por nuestros asociados.

ADELA, intenta promover estos libros entre el mayor número de personas posibles de habla hispana, incluyendo a la comunidad residente en los Estados Unidos.

Algunos de nuestros asociados no habían podido publicar sus obras anteriormente y por medio de ADELA encontraron la puerta que les abrió la publicación y edición de sus libros.

Una de las metas de ADELA es promover el hábito de la lectura en grupos de diferentes edades y trabajar en colaboración con otras organizaciones culturales, sin afanes de lucro y ser una alternativa a la educación fuera de las aulas.

Deseamos concientizar a nuestras comunidades hispanas de que la literatura es la llave que abre las puertas al aprendizaje en la vida y que es esencial para el desarrollo de una juventud saludable.

Rosas al ritmo de la esperanza

    Otra de las metas que perseguimos es promover el hábito de la lectura por medio de la presentación de nuestras obras literarias multiculturales en diferentes centros educativos donde nuestros libros puedan estar al alcance de personas de todas las edades y géneros, sin importar el ambiente cultural en que se desenvuelvan.
    Nuestro compromiso con las comunidades hispanas es construir las bases de una fundación que combine el sector privado de las empresas editoriales con el amor por los libros.

Junta Directiva 2018-2019

Nelly Orona – Fundadora
Sonia B F. Arias – Directora Ejecutiva
Miriam Burbano – Presidente
Wenceslao García Zapatero – Vicepresidente
Reyna Reyes - Secretaria

Fundadora De ADELA

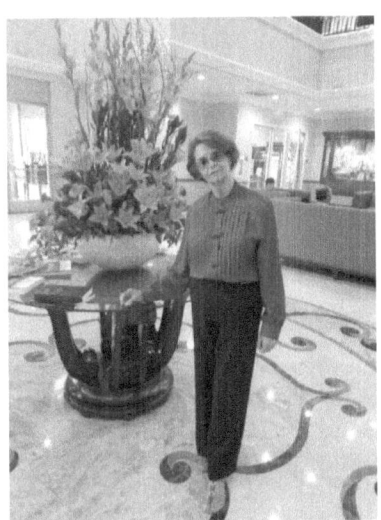

Nelly Orona

Nelly Orona, nació en San José, Costa Rica, país donde vivió hasta que contrajo matrimonio con el profesor historiador Robert Orona en el año de 1966.

A raíz de esta unión. la pareja trasladó su residencia a Pico Rivera, California, ciudad natal de Robert Orona.

En los Estados Unidos Nelly realizó sus estudios de su Associates Degree en Artes graduándose del Rio Hondo Community College.

Obtuvo un B. A. in Arts en diseño de ropa y textiles, de la Universidad de California, y también tomó unos cursos de periodismo en Los Ángeles City College y algunos cursos de escritura creativa en España.

Hizo múltiples entrevistas a los costarricenses residentes en Los Ángeles, para ser publicadas en periódicos y revistas de New York y Los Ángeles.

Nelly Orona ha prestado servicios a la comunidad como Cónsul Ad Honorem en el Consulado de Costa Rica con sede en Los Ángeles del 1998 al 2002.

Nelly ha sido reconocida en diferentes eventos por distintas organizaciones que la han hecho mérito de menciones honoríficas, trofeos y placas por su servicio a la Comunidad Latinoamericana residente en Los Ángeles.

Ha publicado varios libros, algunos de ellos de artes culinarias, libros de cuentos infantiles bilingües entre otros El tío Chupacabras, Los Pingüinos de la Casita Encantada, Tres cuentos de la tía Nena y El Secreto de Sabrina y su autobiografía "Todos frente al Espejo" un libro que consta de trescientas ochenta y cuatro páginas y su libro más reciente "Cuarenta viajes por el mundo", narrado desde el punto de vista de su Mustang 1968. Este libro narra sobre los viajes que hizo el matrimonio Orona alrededor del mundo.

Nelly Orona es la fundadora de dos importantes organizaciones,

Las Damas Orquídeas, fundada en 1980, la cual se creó con el fin de ayudar a los niños de las comunidades precarias de Costa Rica.

También es la fundadora de la Asociación de Escritores Latinoamericanos, ADELA, que tiene el propósito de orientar y ayudar a los escritores nuevos locales e internacionales a publicar sus obras. ADELA fue fundada en el 2013.

Libros Publicados

Florilegios de mi cocina
El tío Chupacabras
Los pingüinos en el bosque encantado
Tres cuentos de la Tía Nena
Rellenitos del milenio
Todos frente al espejo
40 Viajes por el mundo

Reconocimientos especiales
Consulado de Costa Rica
Por servicios como Cónsul Ad Honorem

Post Office de Pico Rivera
Por su envolvimiento en el servicio a la comunidad

Senado de California
Por participar en la primera Antología
De la Asociación de Escritores Latinoamericanos
"Pinceladas de mi infancia"

Asociación de mujeres salvadoreñas
Por su participación activa en la comunidad hispana salvadoreña
Los Ángeles California

Ciudadana Distinguida
Confederación Centroamericana
COFECA
Eventos Desfile Independencia de Centroamérica

Rosas al ritmo de la esperanza

Directora Ejecutiva ADELA

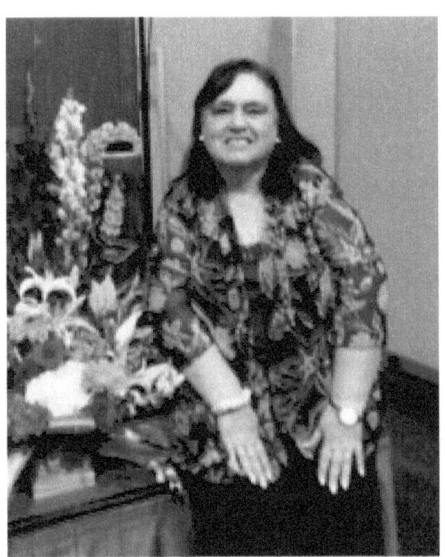

Sonia B. F. Arias
Escritora "Rosas al ritmo de la esperanza"

Sonia B. F. Arias nació en San José, Costa Rica, pero reside en California desde hace treinta años.

En el 2005, se graduó de la California State University of Bakersfield, donde obtuvo su licenciatura en Criminología y Psicología.

Dos años más tarde en el 2007, obtuvo su Maestría en Educación y Curriculum y las credenciales del Estado de California para enseñar en las escuelas de segunda enseñanza.

Estas credenciales académicas la autorizan como profesora de Educación Secundaria o para enseñar en Escuelas de Adultos las materias de Literatura Universal en inglés, Biología, Historia Universal e Historia de los Estados Unidos.

Años más tarde Arias obtuvo sus credenciales para enseñar como profesora de español en la educación secundaria y de adultos.

Arias ha sido objeto de múltiples reconocimientos y entrevistada por canales de televisión y programas radiales en Estados Unidos, Costa Rica y España.

En junio del año 2011, Arias fue entrevistada por una hora en Radio Cadena Univisión en el programa Doctora Isabel, por la doctora Isabel Gómez Bassols.

A raíz del libro Promesas Rotas, Arias recibió un reconocimiento por parte de La Confederación de Centroamericana con sede en Los Ángeles y el título de Ciudadana Distinguida de Costa Rica.

En el año 2013, Arias fue entrevistada en Canal 32 Univisión Internacional en el programa El Gordo y La Flaca por su libro La mariposa de Playa Larga, por medio del cual, Arias en forma de novela narra la biografía de la desaparecida cantante Jenni Rivera.

En el año 2014 en un evento patrocinado por Ticos News USA, Arias recibió un reconocimiento por parte de la Cámara de Comercio de la Ciudad de Ontario, CA por su libro popular libro Terapia de Pareja.

En el año 2016, Arias fue entrevista en el programa español Latinos por el Mundo, el cual es transmitido en algunos países de Europa y en Estados Unidos.

En el año 2018, Arias fue entrevistada por el canal 42 y otros medios periodísticos de su país natal Costa Rica, cuando presentó su libro Ni es por vos, ni es por Costa Rica, en el Colegio de Periodistas.

Este libro analiza el gobierno durante del presidente Carlos Alvarado Quesada durante sus primeros siete meses.

Arias es actualmente la Directora Ejecutiva de La

Rosas al ritmo de la esperanza

Asociación de Escritores Latinoamericanos ADELA y ha tenido previamente los cargos de secretaria y de presidente de la asociación.

Sonia B. F. Arias presentado todos sus libros en diferentes eventos culturales en la comunidad hispana angelina.

Arias es Co-Fundadora de la Editorial Mundo Latino, editorial que ha publicado la mayoría de sus libros.

Reside en California desde 1990 donde también viven sus hijos, nietos y su bisnieto.

Arias es la coautora de dos importantes antologías publicadas "Pinceladas de mi infancia" publicada en el año 2018 en la cual setenta y dos escritores narran sus experiencias durante la infancia.

"Pinceladas de mi infancia", la cual fue presentada en Los Ángeles City Hall.

En esta ocasión los participantes de la antología recibieron un reconocimiento por parte del Senado de California por su obra literaria.

La segunda es la Antología de las Bandas Musicales del Rose Parade 2020, bajo el título "Rosas al ritmo de la esperanza".

Por medio de esta obra, las bandas participantes del 2020 dejan un legado a sus países de origen a nivel nacional e internacional sobre su historia y la trayectoria de su banda.

Obras publicadas por Sonia Arias

Promesas rotas
El inquilino del alma
Terapia de pareja
La mariposa de playa larga
Cuéntame un cuento abuelita
Diay que máe? Pura vida?
Recibí rosas hoy
La escuela del escritor
365 luces en el camino
 Alma guerrera
Matices de una vida
Una vida, dos banderas
Ni es por vos, ni es por Costa Rica
Un hombre y una mujer
Si la vida te da limones… Detrás del telón
Navidades a la tica

Editora Coordinadora y Co-Autora de las Antologías publicadas por ADELA

Memorias de mi infancia -2018 Rosas al ritmo de la esperanza -2019

Contribución a otras antologías
Memorias Migrantes
Congreso Universal de Poesía Hispanoamericana

Rosas al ritmo de la esperanza

Reconocimientos de Sonia Arias

Ciudadana Distinguida de Costa Rica
Otorgado por el Senador Kevin de Leon,
Los Ángeles Setiembre 2011

Senado de California
Mike Morrell State Senator
23^{avo} District
Abril 2016

Mayor of the City of Commerce
Mayor Iván Altamirano 2016

La Asamblea Legislativa de California
Cristina Garcia – Chair of Legislative Assembly
Mayo 2017

Senado del Estado de California
Kevin de León Presidente del Senado
Agosto 2018

Sociedad Iberoamericana de Poetas, Escritores y Artistas de Baja California
Reconocimiento
SIPEA
Playas de Tijuana Marzo, 2018

Rosas al ritmo de la esperanza

Asociación de Escritores Latinoamericanos
Presidente

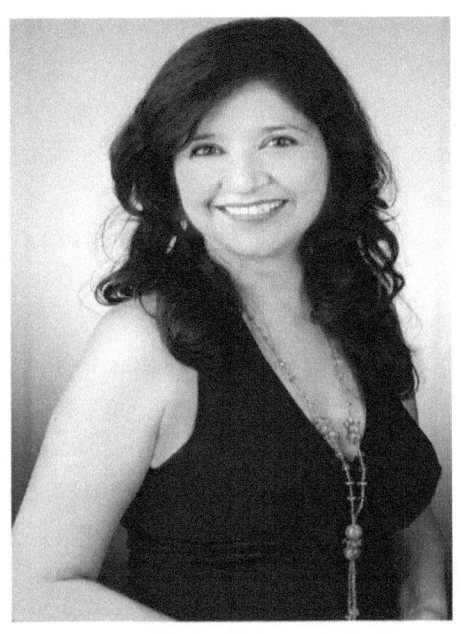

Miriam Burbano
Escritora
"Rosas al ritmo de la esperanza"

Miriam Burbano, ecuatoriana y migrante residente en Los Ángeles, California es una activista que durante los últimos 17 años ha sido considerada como unos de los pilares representativos de la comunidad latinoamericana en Los Ángeles.

Educadora de profesión, Miriam, cuenta con una certificación ESOL del Instituto de Lenguas de Oxford y asistió a Pasadena City College y la Universidad Estatal de California, Los Ángeles.

Miriam está profundamente comprometida con el

empoderamiento de la gente a través de la educación como la clave del éxito personal y comunitario.

Su trabajo se centra particularmente en educar a las mujeres como medio para romper el ciclo de desigualdad en la sociedad.

Miriam es actualmente Directora de Departamento de Idiomas de la Universidad Nacional.

Burbano ha sido la presidente de la Asociación de Escritores Latinoamericanos por dos años. Su período en este cargo finaliza en octubre del 2019.

En el 2001 se convirtió en Co-Fundadora de la Escuela Independiente Academia de Liderazgo de Los Ángeles en un área marginada de Los Ángeles y es Directora y Fundadora de MBC-Education, editorial que motiva a todos a publicar sus historias y así enriquecer el legado literario hispano en los Estados Unidos

A través de esta organización también creo Jóvenes Escritores Latinoamericanos – JEL, grupo de escritores amateurs y juveniles que publican historias en antologías.

Miriam es cofundadora de Revolution English.Org, donde utiliza la tecnología para enseñar habilidades lingüísticas a estudiantes de todo el mundo.

Libros publicados por Miriam Burbano
Cantando Medio Siglo
Pepita Brown
My Little Blue House

Antologías de MCB-Education
Memorias Migrantes
Héroes de CBO

Contribución en antologías de otras editoriales
Pinceladas de mi Infancia Cuando el Corazón Habla
Congreso Universal de Poesía Hispanoamericana
Mujeres a Prueba de Fuego
Rosas al Ritmo de la Esperanza

Reconocimientos de Miriam Burbano

Tributo ecuatoriano USA
Otorgado por el Alcalde de la Ciudad de New York, Sr. Bill de Blasio.
Lider Literaria
Eric Garcetti, Alcalde de Los Ángeles, California.

Embajadora de la paz –
Otorgado por Le Cercle Universel de la Paix, Francia 2016

Activista comunitaria de Los Ángeles, CA – Otorgado por Gilberto Cedillo, -Concejal del Ayuntamiento de Los Ángeles.

Co-Fundadora y Canciller de la Paz Mundial Derechos Humanos Ecuador USA - 501 (C) (3) – Norma Navarro, Presidente Ejecutiva.

Mujer del año 2016
Otorgado por Patty López, Asambleísta del Congreso de California.

Premio Maestros Innovadores
Latinos on a Fast Tract - LOFT - Emanuel Pleitez,

Editora Jefe
Editorial Mundo Latino

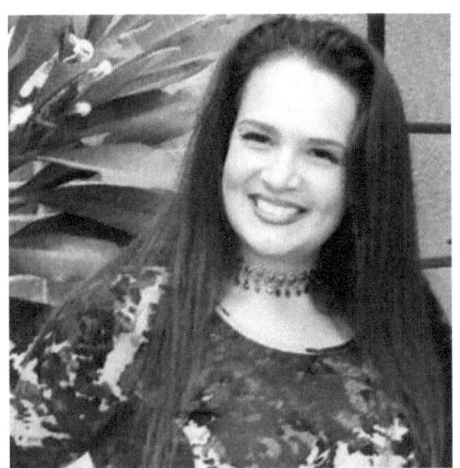

**Glorianna Arias
Diseñadora de la portada**

La portada de la Primera Antología de "Rosas al ritmo de la esperanza" fue diseñada por Glorianna Arias Brenes.

Los elementos usados en la portada describen por si solos el título de la antología.

Glorianna es profesora de inglés y es la Gerente General de la Editorial Mundo Latino.

Obtuvo su licenciatura como escritora de guiones de película y su Maestría en Literatura en Inglés, ambos de la California State University of Northridge.

Glorianna Arias, fue la ganadora del primer premio del Premio de Ensayo de Honores de Robert Roberts en el año 2000 en la California State Northridge University.

El **"Robert Roberts Honors Essay Prize"** es un premio anual otorgado al estudiante de inglés de clases avanzadas cuya tesis se considera la mejor presentada durante ese año académico.

El título de la tesis de Glorianna es "Un estudio del gótico de Mary Shelley, Frankenstein y Toni Morrison".

Está disponible al público en la Biblioteca Oviatt en la California State University of Northridge.

Glorianna ha publicado dos libros en el idioma inglés, Russet Noon y un guión de película llamado The Temple.

En la actualidad está dedicada a la enseñanza superior y a su trabajo en La Editorial Mundo Latino.

La Asociación de Escritores Latinoamericanos ADELA, agradece a Glorianna su aporte artístico y sus ideas creativas para crear las portadas de "Rosas al ritmo de la esperanza" en las versiones de inglés y español.

Libros publicados
Russett Noon
The Temple

Rosas al ritmo de la esperanza

President
The Tournament of Roses 2020

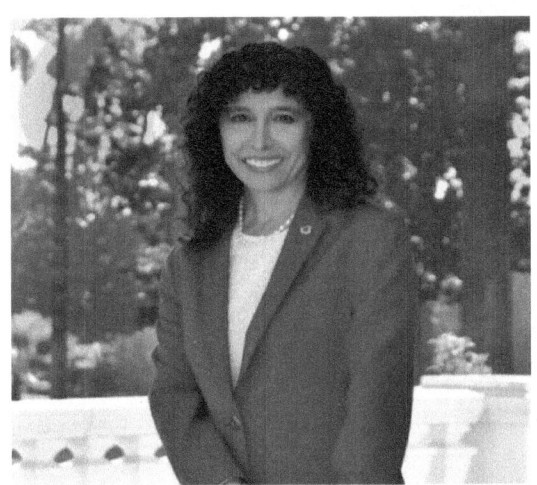

Laura Farber

La presidente Laura V. Farber tiene a su cargo el liderazgo para el 131 ° Desfile de las Rosas y el 106 ° Juego del Rose Bowl el 1 de enero de 2020.

Farber ha sido miembro voluntario del Tournament of Roses Committee desde 1993.

Fue nombrada Presidenta de Torneos en el 2004 y Directora de Torneos en el 2010.

A lo largo de su extensa carrera en el Torneo, Farber ha presidido varios comités, incluyendo Decoración de Lugares, Área de Formación, Juicio y Desarrollo de Membresía.

Profesionalmente, Farber es socia del bufete de abogados Pasadena de Hahn & Hahn, donde practica litigios civiles con énfasis en disputas laborales.

Actualmente es Presidenta del Consejo de Iniciativas de América Latina y el Caribe, miembro de la

Junta de Iniciativas del Estado de Derecho, miembro del Comité Directivo del Comité de Nominaciones, ex miembro de la Junta de Gobernadores en representación del Estado de California, ex Presidenta de la Comisión de Juventud en Riesgo, ex presidente de la División de Prácticas Pequeñas y Pequeñas Empresas Solo, ex presidente de la División de Abogados Jóvenes y ex miembro del Consejo Editorial de ABA Journal.

    Farber tiene su membresía en el Comité de las Minorías en la Profesión Legal.

    Se ha desempeñado como Presidenta de Barristers, la división de abogados jóvenes de LACBA.

    También es miembro del Colegio de Abogados del Estado de California, California Women Lawyers, Women Lawyers Association of Los Angeles, National Association of Women Lawyers, Mexican-American Bar Association, Latina Lawyers Bar Association y Hispanic National Bar Association.

    Además de sus muchos años de servicio en el Comité del Tournament of Roses, sus actividades cívicas incluyen su membresía de la Junta Directiva de Clazzical Notes, la cual es una organización sin fines de lucro.

    Farber ha sido miembro de la junta directiva de YWCA por un período de cuatro años y del consejo escolar de la escuela primaria Marengo en South Pasadena desde 2007-2010, y del Club de Refuerzo de la escuela secundaria South Pasadena.

    Farber también es miembro de la Junta Asesora de la Fundación Rose Bowl Legacy y del Comité del Museo de la Fundación Rose Bowl Legacy.

    Fue nombrada una de las cincuenta mejores abogadas de Los Ángeles y apareció en Los Angeles Business Journal.

    Recientemente fue reconocida por el National Law Journal como Elite Boutique Trailblazer.

Rosas al ritmo de la esperanza

En el 2003, recibió el "Premio al espíritu de excelencia" de la Comisión de la Asociación Americana de Abogados sobre la Diversidad étnica y racial en la profesión.

En el año 2004, recibió el Premio YWCA San Gabriel Valley Women of Excellence in the Law.

Laura Farber nació en Buenos Aires, Argentina y su lengua nativa es el español.

En 1987, obtuvo su Licenciatura, Cum Laude, con los más altos honores departamentales de la Universidad de California, Los Ángeles, y en 1990, su Doctorado en Jurisprudencia, Cum Laude, de la Universidad de Georgetown.

Este mismo año fue admitida en la Barra de California, el Distrito de Columbia, los circuitos Noveno y D.C. y la Corte Suprema de los EE. UU.

Farber y su esposo, Tomás López, residen en el sur de Pasadena y tienen dos hijos, Christopher y Jessica. Sus pasatiempos favoritos incluyen música, tenis y lectura.

Rosas al ritmo de la esperanza

Rosas al ritmo de la esperanza

Senior Manager
Rose Parade Development and Events

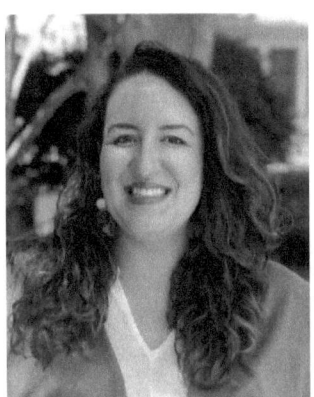

Mariela Spillari

Mariela Spillari es la Gerente con Señoría encargada del Rose Parade y otros eventos relacionados con el Tournament of Roses.

Mariela se unió al equipo en el año 2019 y su enfoque es en coordinar los eventos durante todo el año que impactan a la comunidad y a los mensajes generales que recibe la organización.

Su trabajo es aportar ideas innovadoras y creativas a las plataformas existentes y generar nuevos conceptos de eventos para expandir aún más el impacto del torneo.

Spillari funciona como enlace de la organización con varios comités, y encabeza equipos de tareas para proyectos especiales.

Spillari tiene la tarea de asegurar la importante participación de la Fuerza Aérea de los Estados Unidos en el Rose Parade y en el Juego de Rose Bowl.

Rosas al ritmo de la esperanza

La experiencia de Mariella Spillari en eventos similares al del Rose Parade incluyen manejar el equipo de mercadeo de la asociación, coordinar el Desfile del Día de Acción de Gracias de Macy y los juegos pirotécnicos del 4 de julio de Macy y otros eventos similares.

Spillari ha viajado por los Estados Unidos supervisando los eventos especiales de Macy en las ubicaciones de Macy en toda la nación.

Spillari habla español con fluidez. El proyecto de la Asociación de Escritores Latinoamericanos ADELA de escribir esta antología fue presentado a Mariela por la fundadora de la Asociación de Escritores Latinoamericanos, la señora Nelly Orona.

Spillari está muy complacida de poder apoyar y ayudar a dicha asociación a impulsar su proyecto sobre la trayectoria de cada una de las bandas musicales que participarán en el Rose Parade en enero del 2020.

Mariela nació en La Antigua, Guatemala y creció en Nueva York y ahora es una "angelina" feliz, que disfruta al máximo del hermoso clima del sur de California.

Miembro del Comité del Tournament of Roses

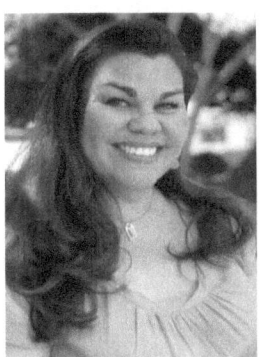

Jeannette M. Collier

Jeannette M. Collier es uno de los miembros del personal del Tournament of Roses y su trabajo es tiempo completo durante todo el año.

Jeannette sirve como enlace principal para varios comités, incluidos los de Música, Equitación, además de sus participaciones en torneos, juzgados y embajadores estudiantiles.

Sus responsabilidades como miembro del personal del Tournament of Roses incluyen el manejo de los procesos de solicitud, aceptación, orientación y otros eventos especiales y diversos aspectos de los participantes en relación con el desfile anual.

"El Poder de la Esperanza" será la vigésimo quinta temporada de participación de Jeannette en la coordinación de varios comités del Rose Parade.

Todos los años Jeannette se encarga de colaborar con la coordinación de las bandas musicales, de los jinetes, de los propietarios de vehículos antiguos, jueces, estudiantes y entradas especiales que vienen de todo Estados Unidos y de otras partes del mundo.

Rosas al ritmo de la esperanza

La pasión de Jeannette por ser parte activa de este importante evento está altamente influenciada por sus raíces puertorriqueñas y su auténtico amor por la cultura.

Morales es voluntaria en otras áreas que conciernen a los deportes juveniles como softball, béisbol, natación, buceo y waterpolo.

Jeannette disfruta mucho de actividades al aire libre y es una orgullosa madre de dos hijos, Jacqueline y Jacob.

Su dedicación es admirable y espera año a año con gran entusiasmo y felicidad el evento del Rose Parade que se lleva a cabo cada Año Nuevo en Pasadena, California.

Presidente del Comité de Música
Tournament of Roses

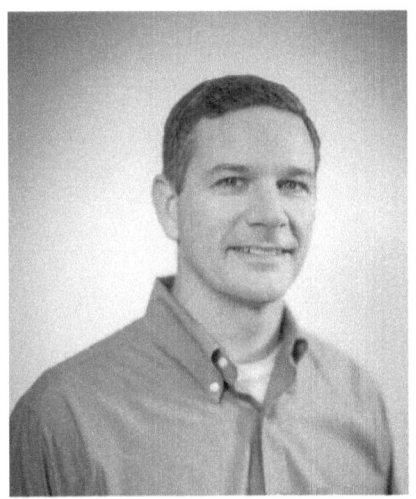

Eugene Smith

Eugene Smith es el presidente del Comité de Música para la Organización del Tournament of Roses.

Smith fue presidente del Comité de Televisión y Radio y del Comité del Servicio de Alimentos.

Antes de haber sido presidente, Eugenio Smith fue vicepresidente del Comité del Tournament of Roses.

Smith también ha sido miembro regular del Comité de Música, como Capitán de Bandfest, y también ha servido como enlace para el comité de organización del desfile, capitán de logística para el Comité Post Desfile y como capitán de área para el comité del Área de Formación.

Profesionalmente, Eugene Smith es el vicepresidente y tesorero y FP&A de Smart & Final, una cadena de trescientos veinticinco tiendas de abarrotes mayoristas y minoristas.

Rosas al ritmo de la esperanza

Tiene un MBA de la Universidad Loyola Marymount y una Licenciatura en Ciencias en Ingeniería Eléctrica de la Universidad de Connecticut.

Cuando no está ocupado trabajando en las actividades del Tournament of Roses y las preparaciones correspondientes para el evento, Eugene disfruta de su tiempo junto a su esposa Julie con quien tiene diecinueve años de matrimonio y con sus dos hijos, Gene y Colee.

Vicepresidente del Comité de Música Tournament of Roses

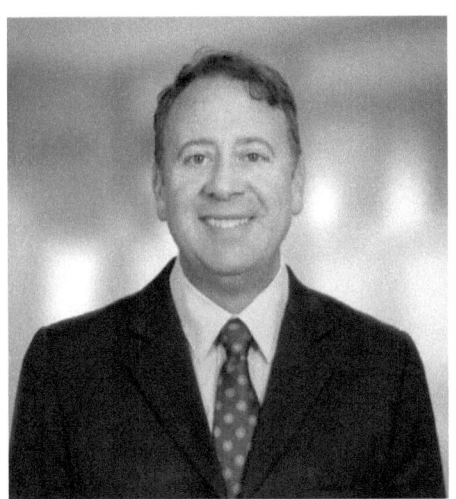

Christopher Fontes

Christopher Fontes es el vicepresidente del Comité de música en el Comité del Tournament of Roses.

Ha estado a cargo del Comité de Música desde 2016. Previamente a esa posición Fontes, había sido el Capitán de Bandfest.

Christopher Fontes ha sido miembro del Torneo de Rosas desde 2008.

En su área profesional, su carrera se ha enfocado en ventas y mercadeo.

Actualmente, Fontes es el Vicepresidente de Ventas y Marketing en PCIHIPAA.

Christopher Fontes se graduó de UCLA - MBA Harvard College -AB.

Christopher ha estado casado con Patrice Fontes durante veinticinco años y tiene tres hijas.

Rosas al ritmo de la esperanza

Vicepresidente del Comité de Música Tournament of Roses

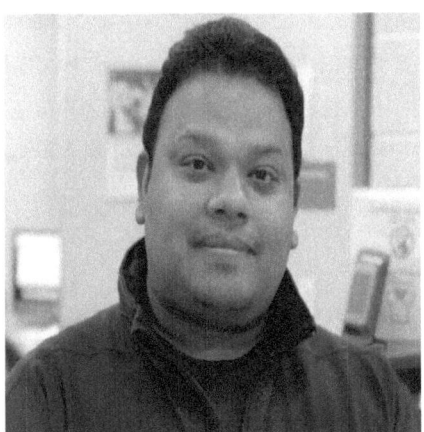

Rafael Sánchez III

Rafael Sánchez es el vice-presidente del Comité de Música del Tournament of Roses y ha sido miembro activo de esta organización desde el año 2009.

Desde el año 2017 Sánchez ha estado a cargo del Comité de Música.

Antes de convertirse en vice-presidente de la asociación, Sánchez fue Capitán del Departamento de Administración y Tecnología del Comité del Torneo de Las Rosas.

También previamente a su posición, ocupó el cargo como Capitán de las Redes Sociales.

Dentro de las responsabilidades que Sánchez tuvo a cargo como Capitán de Administración, estaban la selección de las bandas musicales y el correspondiente seguimiento en la comunicación con las bandas además del trámite de las credenciales a las bandas participantes del desfile.

Rosas al ritmo de la esperanza

Además de trabajar para el Comité del Tournament of Roses, Sánchez se ha especializado en el campo de la tecnología educativa, en lo que ha trabajado durante sus últimos quince años.

Actualmente Sánchez desempeña el cargo de Coordinador de Tecnología y Consultor en las escuelas locales del área de Los Ángeles, California.

Miembro del Comité de Música
Tournament of Roses

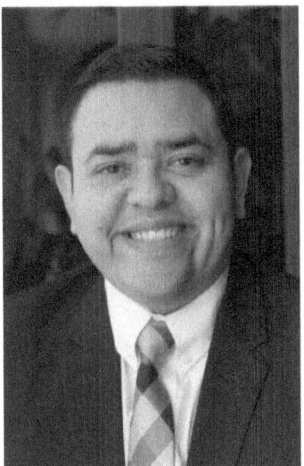

Randy López

    Randy López ha sido miembro del Comité de Música del Comité del Tournament of Roses por tres años consecutivos.

    Este año López es el Capitán de Bandfest. En años previos ha sido el capitán de escenas y asistente de capitán y en la Villa Bandfest ha sido el capitán de escenas y asistente de Capitán en la Villa Bandfest. es miembro del Comité de Música de 3er año. Este año es el Capitán de Bandfest.

    También López ha servido como enlace de banda para la Universidad de Georgia, Banda Municipal de Acosta y actualmente es el enlace para la Banda de Marcha Aguiluchos de Puebla, México.

    Randy hereda sus raíces latinas por parte de sus padres. Su madre nació en Zacatecas, México y su padre nació en El Salvador.

Rosas al ritmo de la esperanza

Randy López ha sido un miembro activo del Comité del Desfile de las Rosas desde el 2011.

Él es abogado de profesión y ha ejercido en el campo del derecho por más de once años.

Se especializa en consejería legal y litigaciones comerciales en el campo laboral.

Randy López está asociado con el grupo Long Law Group, PC en Pasadena.

López nació en Pasadena y marchó en el Desfile de las Rosas en 1998 y en el 2000 con la Banda Arcadia Apache.

Rady López esta felizmente casado con su esposa Jamie y tiene dos niños.

Rosas al ritmo de la esperanza

Bandas Musicales

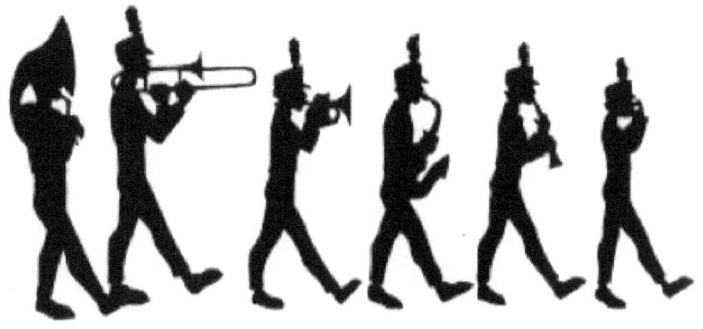

Rose Parade 2020

Rosas al ritmo de la esperanza

Banda Rancho Verde Crimson Regiment
Moreno Valley – Perris - California

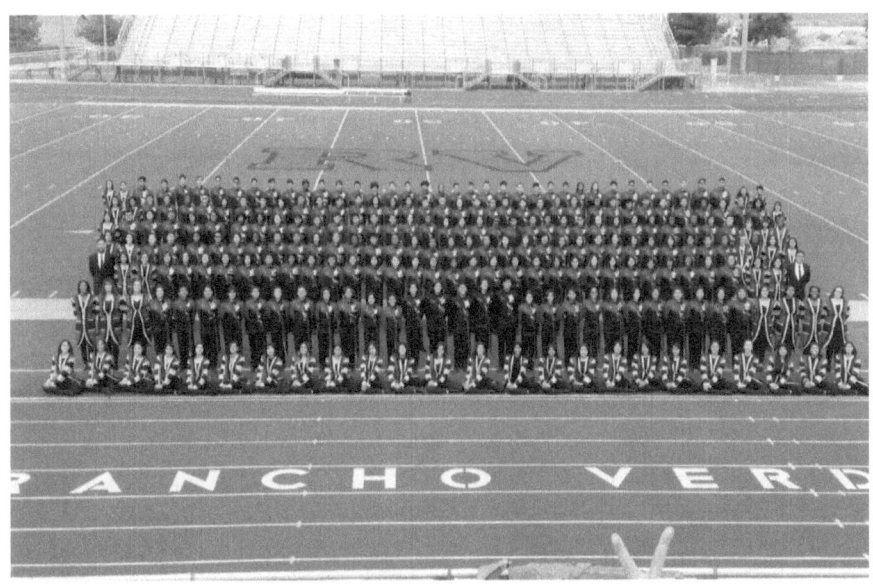

La banda Rancho Verde Crimson Regiment es uno de los orgullos de la ciudad de Moreno Valley en el Estado de California en Estados Unidos.

Esta banda hizo su debut en 1991 cuando abrieron la escuela primaria local.

La banda y la escuela establecieron una relación de colaboración educativa donde los estudiantes empezaron a recibir sus clases de música los cuales continuaron hasta graduarse de la preparatoria.

La banda Rancho Verde Crimson Regiment la forman trescientos cuarenta estudiantes de los cuales sesenta por ciento son varones y cuarenta por ciento mujeres en edades de trece a diez años.

Rosas al ritmo de la esperanza

Estos estudiantes no son solo residentes de Moreno Valley sino también del área de Perris, California.

Cabe mencionar que esta área también es la base de la reserva militar aérea y el área recreacional de Perris.

Es por esta razón que el veinticinco por ciento de los estudiantes que conforman la banda proceden de familias militares.

Una de las peculiaridades de los miembros de esta banda es que hablan ocho idiomas diferentes incluyendo el lenguaje de señas ya que tres de sus miembros tienen la discapacidad de audición.

La banda Rancho Verde Crimson Regiment cuenta con los servicios de una persona a tiempo completo para que haga las traducciones correspondientes para ellos traduzca y los instruya en las responsabilidades que conlleva ser miembros de una banda.

La preparatoria local cuenta con dos mil cien estudiantes de los cuales un dieciséis por ciento son participantes de la banda.

El noventa y cinco por ciento de la población de la preparatoria de este centro educativo son considerados minorías y el setenta y cinco por ciento de sus estudiantes califican para beneficios federales debido a su desventaja económica.

El éxito de la banda Rancho Verde Crimson Regiment se debe a cada uno de sus disciplinados miembros y también, de forma muy especial, a Honglac Hathuc, quien ha sido un director dedicado a su labor como maestro y a su esfuerzo.

Presentarse en el Rose Parade, el desfile más importante del año, no es una tarea fácil para ellos pero con su empeño y esfuerzo de trabajo en equipo han. logrado alcanzar esta meta.

A pesar de que la banda recibe generosos fondos de parte del Distrito Unificado de Val Verde, los

coordinadores
de la banda realizan otras actividades para cubrir los costos de la banda.

Entre esas actividades, cabe mencionar que la banda cuenta con una tienda de ropa en línea, se presentan en conciertos y hasta hacen evento de ventas de regalos de navidad para poder cubrir los costos de viaje, viáticos, etc.

Todos estos esfuerzos son recompensados cada vez que presentan su show y especialmente el show del primero de enero donde, usualmente, tocan tres canciones; una popular de rock y dos marchas de desfile.

El propósito más importante de la banda es ser invitada una y otra vez al Rose Parade.

Esto es el indicativo de que la banda es exitosa en todos los géneros; como banda de concierto, banda de campo, banda del desfile, banda de jazz y banda de tambores.

Entre los premios y reconocimientos que la banda Rancho Verde Crimson Regiment ha obtenido se destacan estos, como los más importantes:

2017- World Association Marching Show Bands (WAMSB) World Champion.
2015 - Hollywood Christmas Parade, 2013-2017 Western Bands Association (WBA) Grand Championship Finalista.
2008-2012 Southern California School Band and Orchestra (SCSBOA) Championship Finalista.
Dos veces han recibido el
 NAMM Support Music Merit Award
 Tres veces han sido reconocidos por
 NAMM Best Communities for Music.
 City of Moreno Valley Achievement Award.
 City of Perris Achievement Award.

Rosas al ritmo de la esperanza

Esta banda también ha hecho presentaciones en otros estados de USA tales como Arizona, Nevada, Washington DC y New York City entre otros.
Estos reconocimientos los han hecho acreedores de que distintos medios de la prensa escrita hayan publicado varios artículos felicitando a los miembros de la banda por su disciplina y excelencia en trabajo de equipo.

Director de la Banda
Rancho Verde Crimson Regiment

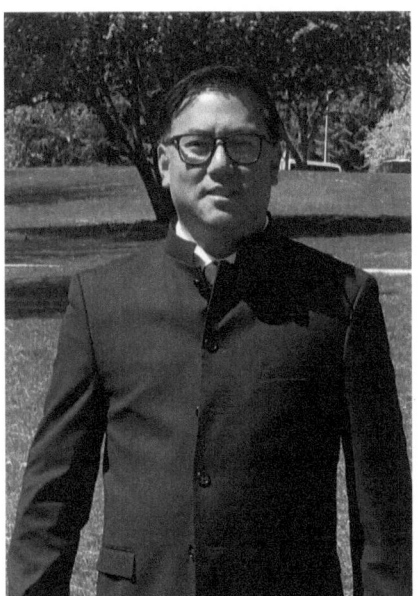

Honglac Hathuc

Honglac Hathuc es el tercer hijo de cuatro hermanos de inmigrantes vietnamitas estadounidenses.

Dice sentirse realmente orgulloso de ser el primer Director de Banda, vietnamita estadounidense en dirigir una banda el 131 aniversario del Desfile de Las Rosas.

Su vida no ha sido fácil al ser primera generación en su familia nacido en los Estados Unidos, pero siempre estuvo lleno de positivismo que lograría sus sueños.

A una edad temprana se enamoró de las artes musicales y desde que estaba en el jardín infantil le encantaba la clase de música.

El escuchar conciertos de música clásica en la estación local de PBS y cantar y tocar música en la escuela y en el hogar siempre fue una alegría para él.

Tomó una guitarra en sus manos por primera vez a la edad de cuatro años y de ahí nunca más la soltó.

Hathuc es originario del sur de California y asistió a la Escuela Secundaria Chino donde fue el tambor mayor y tocó el euphonium.

La música era su pasión y aplicó para ser admitido en la universidad de sus sueños, la Universidad de California en Los Ángeles, y fue aceptado como estudiante de música con énfasis en la interpretación de guitarra clásica.

El señor Hathuc asistió a UCLA con una beca del Departamento de Música y Becas Randy Rhodes.

Mientras estuvo en UCLA, Hathuc actuó con la Banda de Marcha de la UCLA durante 5 años, donde fue el líder de la sección de trombón y fue miembro de la Banda de Marcha de la UCLA en el Desfile de las Rosas de 1999.

También fue miembro de la UCLA Jazz Band, el UCLA Wind Ensemble y el UCLA Guitar Ensemble durante 5 años.

Después de terminar su Licenciatura, Hathuc asistió al Conservatorio de Música de San Francisco y obtuvo su Maestría en Música con énfasis en Interpretación de Guitarra Clásica en una beca del Departamento de Guitarra y fue miembro del Conjunto de Guitarra SFCM y el Conjunto Barroco SFCM.

Durante su tiempo en el Conservatorio de Música de San Francisco, el Sr. Hathuc empezó enseñando un programa de banda de primaria después de la escuela y luego recibió un puesto de maestro de música primaria a tiempo completo.

En 2003, se mudó al sur de California para estar más cerca de la familia y comenzó su mandato en la Escuela Secundaria Rancho Verde.

Rosas al ritmo de la esperanza

Está muy entusiasmado con el 131º Desfile de las Rosas, ya que es el pináculo de las Artes Marciales.

Está emocionado de compartir la mejor experiencia con sus alumnos. Hathuc actualmente vive en la ciudad de Riverside, CA con su esposa, Allyson Huntsman.

Su esposa Allyson también es la Coordinadora de Música del Distrito Unificado Val Verde y su apoyo le ha permitido convertirse en la maestra que es hoy.

En su tiempo libre, también entrena al equipo de tenis de niñas y niños en la Preparatoria Rancho Verde.

Ha corrido trece maratónicas y planea correr muchas otras.

Rosas al ritmo de la esperanza

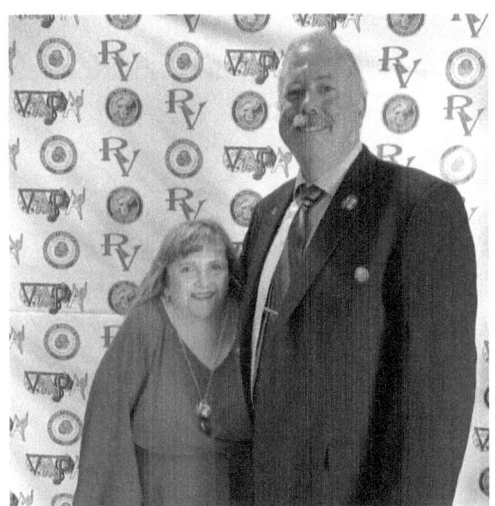

Matthew Taylor

Matthew Taylor ha sido instructor de banda, de coro y de música en el Distrito Escolar Unificado Val Verde por más de treinta años.

Obtuvo su Licenciatura en Música en la Universidad Politécnica del Estado de California, en Pomona.

Tiene una maestría como director de música a través del American Band College de la Universidad de Southern, Oregon.

Numerosas bandas se han destacado con altas calificaciones cuando han participado en desfiles y festivales bajo la dirección de Matthew Taylor en todo el sur de California.

Durante el tiempo que ha trabajado en Val Verde, el personal del Departamento de Música ha crecido de tan solo dos maestros a diecisiete que hoy día trabajan ahí.

Matthew ayudó a establecer una banda de todo el distrito escolar de Valverde con estudiantes de primaria, secundaria y preparatoria.

Rosas al ritmo de la esperanza

Matthew Taylor ha sido nombrado dos veces Maestro del Año.

En 1984, fue miembro de la Banda Olímpica All-American Marching Band, donde realizó las ceremonias de apertura y clausura de los Juegos Olímpicos de Los Angeles, California.

Band Director Assistant

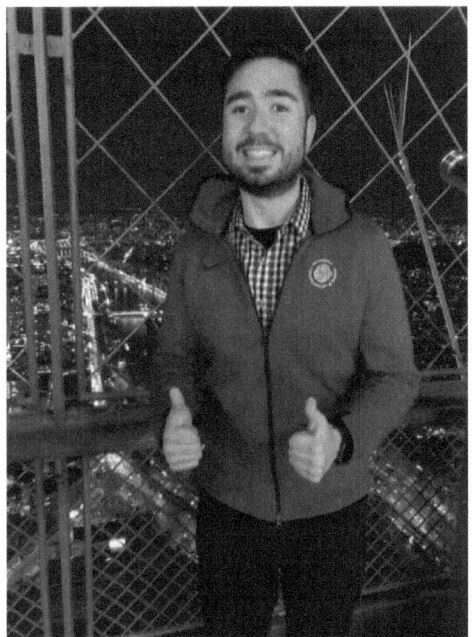

Francisco Rojas

Francisco Rojas es nativo del Sur de California y tiene tres hermanos.

Cuando estaba en el primer año del High School de Rancho Verde se unió a la banda y se envolvió de lleno en el probrama llegando a ser el tambor mayor de la banda en su tercer año del High School.

Cuando Rojas se unió al personal de profesores de la banda fue porque en el 2008 cuando el estaba finalizando su High School, durante la recesión financiera el director de la banda y su asistente, fueron suspendidos temporalmente sin goce del sueldo.

Oficialmente Rojas empezó a trabajar con el distrito escolar en el 2010 mientras estudiaba en la

Rosas al ritmo de la esperanza

Universidad de California en Riverside.

Al poco tiempo de trabajar como instructor en la banda se dio cuenta que su vocación era ser maestro de música, especialmente en el High School donde él había estudiado.

Rojas está muy orgulloso de pertener a la Banda de Rancho Verde Crimson Regiment y muy agradecido de tener el privilegio y el honor de llevar a sus alumnos junto con Mr. Hathuc al Desfile de Las Rosas del 2020.

Está muy ilusionado con marchar por el Colorado Boulevard con su gente favorita.

Además de instructor y asistente de director de la banda, Rojas tiene una licenciatura en Administración de Empresas con concentración en finanzas de la Universidad de California, en Riverside.

También obtuvo una maestría en Administración de Empresas el pasado mes de julio del 2019, de la Redlands University.

Rojas es miembro de Delta Mu Delta, una Sociedad Internacional de Negocios Honorables.

Su interés en trabajar en las finanzas es más bien un reto para él mismo pues piensa utilizar sus conocimientos administrativos en un futuro para hacer prosperar la industria financiera.

Banda Musical de Los Aguiluchos
Puebla, México

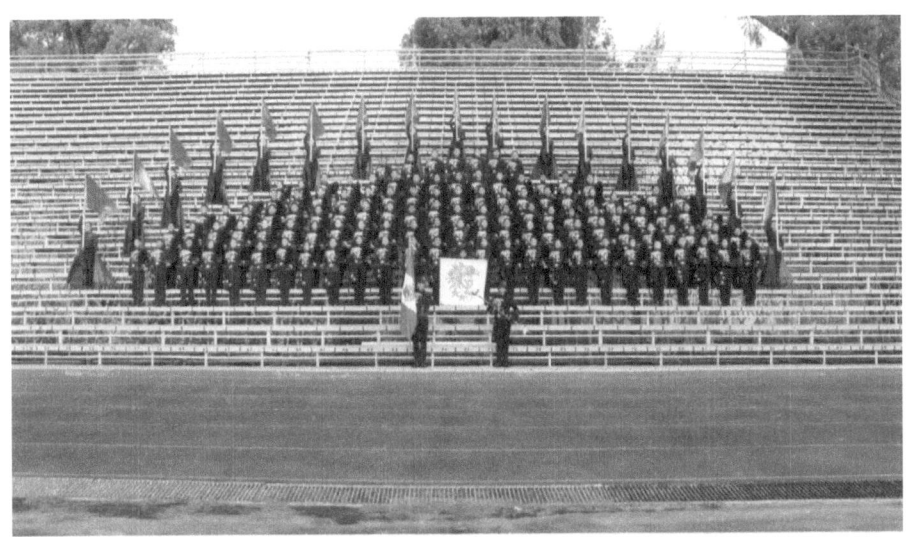

El director de la banda es Juan Carlos Cuazitl Paleta y ha sido el director por un período de seis años.

Desde el 2013 hasta la actualidad, los mismos integrantes de la banda, han permanecido hasta el día de hoy.

Desde que eran estudiantes de la preparatoria han tocado diferentes instrumentos en los múltiples eventos nacionales e internacionales que han sido invitados a participar.

En el 2020, Los Aguiluchos estarán participando en el Rose Parade en Pasadena, California y piensan tocar música alegre, principal del género regional mexicano para complacer a sus paisanos y al público en general.

Los gastos para poder realizar el viaje a California

será patrocinado por los padres de familia de los integrantes y con fondos de la banda que reúnen por medio de conciertos, kermeses y una rifa de un crucero.

De esta manera Los Aguiluchos obtienen los fondos para los músicos y sus acompañantes.

La Banda Los Aguiluchos fue fundada con el propósito de participar en eventos culturales a nivel nacional pero la visión de sus fundadores fue siempre que Los Aguiluchos participaran en eventos internacionales.

Uno de los lemas y compromiso de los integrantes de la banda Los Aguiluchos, es formar el carácter y la moral de los integrantes.

Uno de los propósitos es que los jóvenes músicos puedan retomar los valores espirituales y morales de generaciones anteriores.

Algunos de los jóvenes integrantes de la banda tienen problemas en sus hogares y la opción de pertenecer a la banda se convierte muchas veces en el apoyo que estos

La banda Los Aguiluchos disciplinadamente ensayan todos los días de la semana.

Los lunes es su día de estudio individual y de martes a viernes hay ensayo seccional y general.

Los sábados hacen el ensayo más extenso porque es el único día en que pueden reunirse todos en la mañana y en la tarde, así como los domingos y los días festivos.

La difusión y propaganda de los eventos en los que participa La Banda Los Aguiluchos se hace mayormente por medio de las redes sociales.

Esta es la tercera vez que Los Aguiluchos participan en el Rose Parade, la segunda vez fue en el año 2013.

La banda también se ha presentado fuera de México, en eventos internacionales en Italia y China.

El primer director de la banda de Los Aguiluchos fue el señor Miguel Ángel Ávila Bello, quien fundó la banda en 1959-1960, en conjunto con el coronel Raúl Velasco De

Santiago.

Ambos fallecieron lamentablemente en el año del 2018.

Los jóvenes músicos viven muy orgullosos de participar en concursos, desfiles a nivel nacional, realizar viajes internacionales y presentarse en diferentes lugares en México porque sienten que pueden actuar como modelo para que otras bandas también se motiven a presentarse en diferentes eventos.

Los Aguiluchos han participado en competencias en varias ciudades y han ganado algunos premios notables.

Entre los premios obtenidos por Los Aguiluchos tenemos:

2018
- Primer lugar en el concurso de bandas de Puebla.
- Segundo lugar como Banda Marchante en Giulianova, en Italia.
- Tercer lugar como banda juvenil en Italia.
- Primer lugar como la banda más popular en Giulianova, en Italia.
- Primer lugar en el Concurso de belleza de mujeres mexicanas.

2019
Primer lugar en el Concurso de Bandas de Puebla, en México.

La Banda de Los Aguiluchos, ha servido de inspiración y modelo a seguir para la creación de nuevas bandas y también ha contribuido a que hoy día, esas otras bandas participen al igual que ellos en eventos tantos nacionales como internacionales.

La Banda de Los Aguiluchos han compartido escenarios con grandes bandas de los Estados Unidos, de Japón, de Alemania, de Suiza, de Italia y de China.

A través de estas presentaciones han recibido otras invitaciones para participar en otros eventos en un futuro cercano.

Una de las características que tiene la Banda Los Aguiluchos es motivar a la comunidad estudiantil a aprender a tocar un instrumento durante su juventud y participar de una actividad tan sana como lo es las artes musicales.

Los niños de las escuelas de Puebla, pueden integrarse a las clases musicales a partir de los ocho años y luego son evaluados por medio de audiciones para ser considerados como potenciales miembros de Los Aguiluchos.

Los elegidos permanecen con la banda hasta por diez años hasta que se gradúan de la preparatoria.

Cada año entre treinta y cinco y cincuenta integrantes se gradúan de la preparatoria y se inscriben nuevos estudiantes.

La banda está formada por un setenta por ciento de mujeres y un treinta por ciento de varones y sus edades oscilan entre los trece y los dieciocho años.

Algo que cabe mencionar es que cuando se presentaron en México subieron caminando la Muralla China cargando sus instrumento y debidamente uniformados para la presentación.

Temían subir por el carro cable pensando les costaría mucho dinero.

Pero la caminata, les dejó una lección muy positiva y ésta fue que para "llegar lejos se debe trabajar muy duro"

Director Banda Los Aguiluchos

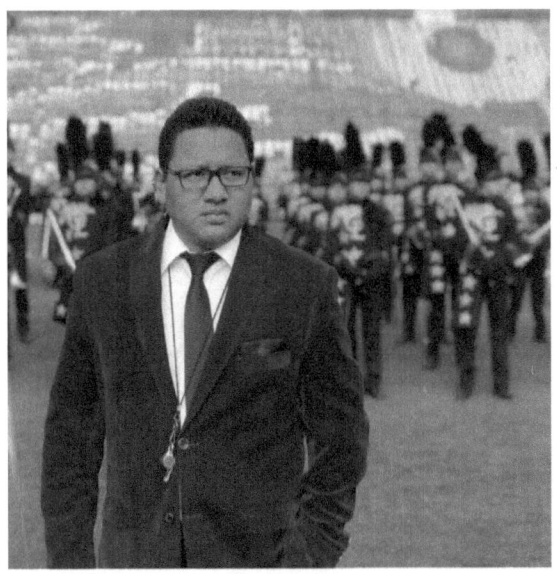

Juan Carlos Cuazitl Paleta

El Desfile de las Rosas del año 2004 bajo el tema "Music, Music, Music" fue un sueño cumplido para Juan Carlos Cuazitl Paleta, el director de la Banda Los Aguiluchos.

El haber sido parte de dicho desfile después de verlo por muchos años por medio de la televisión, despertando muy temprano cada primero de enero para grabar el desfile fue algo inolvidable.

Su inquietud por conocer las bandas de marcha se volvió su sueño hoy convertido en realidad porque en el año 2003 lo alcanzó cuando ingresó a la sección de percusión de Los Aguiluchos Marching Band y posteriormente desfiló con esta banda.

Varios años después y gracias a esta experiencia, el gusto por la música se desarrolla de una manera más fuerte y en ese momento es cuando Cuazitl decide iniciar sus estudios de música a los veinticinco años de edad.

Previamente ya tenía una carrera pero él sabía que no era lo suyo. La música lo hacía soñar y con la primer gran experiencia en Pasadena se animó para estudiar profesionalmente.

Se inició como técnico en música, posteriormente vino la licenciatura mientras hacía su año de práctica en la banda.

Poco a poco comenzó a dar clases en la misma sección que lo ayudó a lograr su sueño.

Llegó a ser instructor de percusión de la banda y preparó a muchos alumnos y generaciones para eventos nacionales e internacionales, entre ellos, Midosuji Parade en Japón, Musik Parade en Alemania, Orlando Citrus Parade en Florida USA, Rose Parade 2013

El 2 de octubre del 2018, recibió la llamada de la presidente del Desfile de las Rosas, la señora Laura Farber y de su asistente Jeannette M. Collier quienes le dieron la noticia que la Aguiluchos Marching Band había sido seleccionada para participar en el año 2020.

Su sorpresa fue tan grande que no tenía palabras para expresar lo que sintió en aquel momento.

Aquel sueño que un día se había iniciado cuando miraba por la televisión el Desfile de La Rosas en Pasadena, hoy se volvía a hacer realidad pero ahora él era el Director de la Banda y tendría una mayor responsabilidad.

A continuación, les presentaremos a los principales instructores de la Banda Los Aguiluchos.

Instructores de la Banda Los Aguiluchos

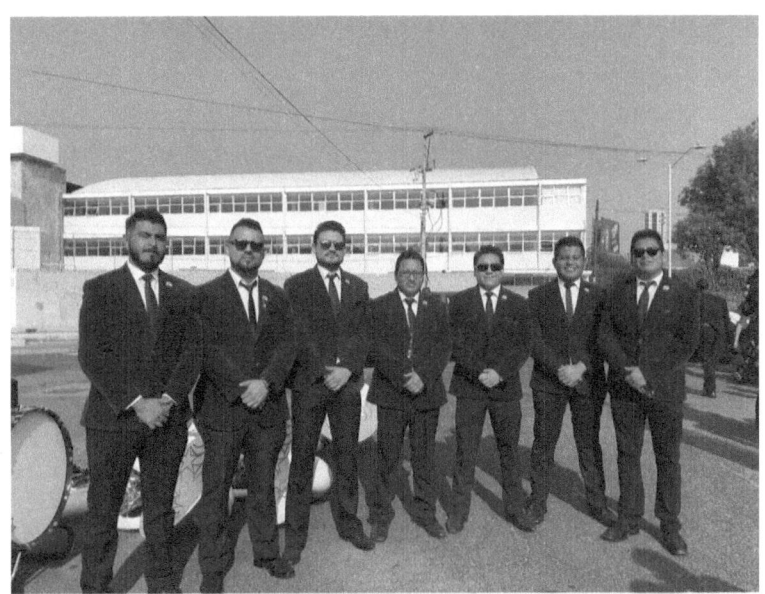

José Paulino Rosas Malpica López
Instructor de Maderas

José Paulino Rosas Malpica López fue alumno de la banda desde 1991 hasta 1997 que fue el año que se graduó de la Preparatoria del centro Escolar Niños Héroes del Chapultepec.

Una vez obtuvo su licenciatura en Composición Musical entró a formar parte del personal de los Aguiluchos.

Para José Paulino Rosas es y siempre será un orgullo el haber pertenecido a esta banda desde que era un estudiante en el Centro Escolar Niños Héroes de Chapultepec.

Gary Anzures
Instructor de Metales

Gary Anzures empezó sus estudios musicales en La Banda Los Aguiluchos a la edad de los trece años como parte de la sección de tubas.

Durante seis años que estuvo en la banda dos de ellos fueron como líder de la sección y uno como líder de metales y otro año como comandante de la banda.

Participó en el Desfile de las Rosas del 2004 y en Alemania en el 2008 además de otros eventos muy importantes.

Actualmente tiene una licenciatura en tuba de la facultad de música de la UNAM y se desempeña tocando música clásica y de jazz.

Juan Pablo Figueroa Fuentes
Instructor de Metales

Juan Pablo Figueroa Fuentes, ingresó en la Banda de los Aguiluchos en el año 2004 inspirado por la presentación de la banda en el Desfile de las Rosas del 1ero de enero del 2004.

Se inició en la sección de los saxofones tenores, y se sintió muy honrado y orgulloso de pertenecer a la Banda Los Aguiluchos, además de que ser parte de la banda lo hizo muy consciente del sentido de responsabilidad que su trabajo conlleva.

Llegó a formar parte del personal de Los Aguiluchos en el 2009, colaborando con la formación de coreografías del grupo.

Después de un tiempo se incorporó en la sección de metales además de ser el encargado de hacer el acondicionamiento físico de los integrantes.

Figueroa también está encargado de la logística de eventos a nivel nacional e internacional.

"Uno de los más grandes momentos que viví con la banda fue el de ser Drum Major en el año 2013 en el Desfile de las Rosas, es una de las más grandes experiencias y responsabilidades que he tenido en mi vida, la cual disfruté al máximo." Juan Pablo Figueroa

Diego Armando Romero Morales
Instructor de Metales
Diego Romero Morales fue alumno desde el jardín infantil del CEMHCH e ingresó a la banda musical de los Aguiluchos en el año 2004 hasta que concluyó su preparatoria en el 2008.

Durante estos años tuvo la oportunidad de representar a la escuela, al estado y México, en los Estados Unidos, Japón y Alemania.

Forma parte del equipo de instructores de La Banda Los Aguiluchos desde el 2015, enseñando en la sección de metales y haciendo arreglos musicales para la banda.

Ha tenido la oportunidad de asistir a eventos nacionales e internacionales llevados a cabo en Italia, China y Estados Unidos.

"Siempre estoy orgulloso de portar los colores del CENHCH; como instructor intento hacer alumnos de bien, con carácter, principios y valores que el mismo CENHCH me ha inculcado desde que era alumno para que sean seres humanos dentro y fuera de la institución, en cualquier campo que se desempeñen y en su vida."
Diego Armando Romero Morales.

Javier Reyes Ayala
Instructor de Percusiones
Javier Reyes ingresó a La Banda Los Aguiluchos en el año 2008, como integrante de la sección de percusión.

Desde muy niño su sueño fue pertenecer a la banda y cumplió su sueño cuando inició su carrera como músico integrante primero y después como instructor.

Fue líder comandante de percusiones y ha viajado por varios estados mexicanos junto con la banda.

Después de esta participación se incorporó al personal de la banda invitado por el director Juan Carlos Cuazitl Paleta.

Ha sido el instructor de percusiones de la Banda Los Aguiluchos desde el 2013.

También Reyes participa en procesos administrativos y en el departamento de redes sociales y en el aspecto legal de la banda porque es abogado de profesión.

"En los años de mi niñez siempre admiré a esta agrupación y soñé con llegar a pertenecer a sus filas".
Javier Reyes Ayala

Carlos Alonso Mendoza Osorio
Instructor de Percusiones

Carlos Mendoza Osorio, vino a formar parte de La Banda de Los Aguiluchos en el 2011 tocando el tambor.

En ese entonces tocaba el tambor y era estudiante de primer año de la preparatoria del Centro Escolar Niños Héroes de Chapultepec.

Durante su trayectoria con la Banda de Los Aguiluchos ha participado en muchos eventos importantes para el pero el más significativo fue el que la banda participara en el Desfile de las Rosas del 2013.

Aunque él no pudo asistir al desfile siempre estuvo presente en los ensayos y observó el esfuerzo, dedicación y compromiso de sus compañeros.

Ese espíritu de perseverancia lo inspiró a seguir con la banda hasta el día de hoy.

Rosas al ritmo de la esperanza

"Ingresé al personal en el año 2013 a la fecha, buscando inculcar los mismos valores que tuve cuando era integrante y con el objetivo de mejorar la calidad musical de las nuevas generaciones."
Carlos Alonso Mendoza

Jesús Trejo Fuentes Franco
Coach de Color Guard

Jesús Trejo Fuentes Franco se inició en la Banda de Los Aguiluchos en el año 2003 como integrante en la sección de percusión.

En el 2010 viajó con la banda a Basilea, Suiza al "Basel Tattoo" compartiendo escenario con bandas de diferentes países, sin duda algo sorprendente.

En 2012 le dieron la oportunidad de ser el creador del isotipo de Aguiluchos, siendo la nueva imagen de la banda.

En mayo del 2013 empezó su trabajo formal en el personal de la banda, poco después que Los Aguiluchos participaron en el Desfile de las Rosas del 2013.

Tuvo el privilegio de desfilar en este desfile internacional, portando la bandera de México, lo cual fue una experiencia inolvidable.

En mayo del 2013 cuando empezó oficialmente en el equipo del personal trabajó como entrenador del Color Guard de La Banda de Los Aguiluchos, implementando nuevos accesorios, técnicas y un nuevo estilo.

En 2017 hizo el rediseño del isotipo de la banda para los festejos del 60 Aniversario de la Institución.

"Mi historia con Los Aguiluchos comienza en el 2003 siendo admitido en la sección de percusión. En esas fechas la preparación estaba enfocada para el primero de enero y la participación en el Desfile de las Rosas al que asistiría la banda y nunca tendré las palabras exactas para describir lo vivido en este gran evento".
Jesús Trejo Fuentes Franco

Rosas al ritmo de la esperanza

West Harrison Hurricaine
West Harrison High School
Mississippi USA

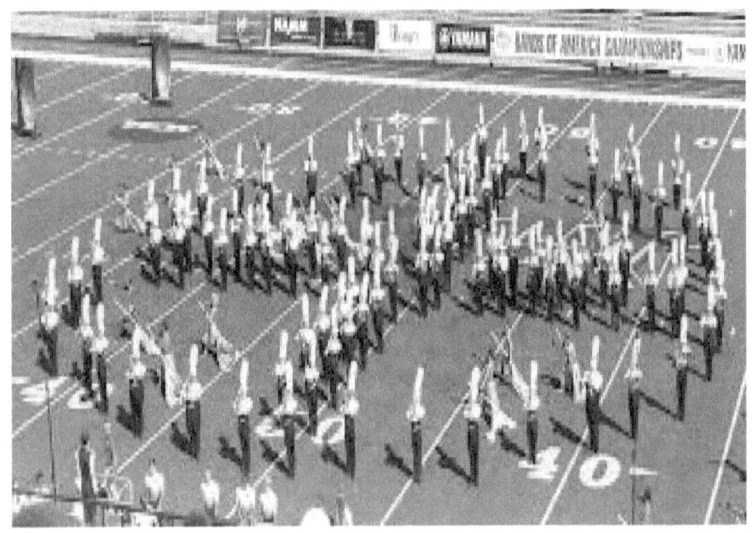

La Banda de West Harrison de Mississippi, es la banda oficial de la escuela secundaria West Harrison.

Esta banda ha sido consistentemente finalista del campeonato de las bandas de música en el estado de Mississippi.

Ha ganado tres primeros premios por la calidad de sus presentaciones en los últimos cuatro años, así como también ha ganado premios en otras nominaciones durante estos años.

La banda ganó tres premios como "Gran Campeón", seis premios como "Gran Campeón de Reserva", treinta y cinco premios como "Mejor en general" y ochenta y cinco premios como "Mejor en su clase".

Rosas *al ritmo de la esperanza*

En el año 2012, la banda representó el Estado de Mississippi en el Desfile del Día Nacional de los Caídos en Washington, D.C.

Recientemente en el año 2017, participó en el 91º Desfile del Día de Acción de Gracias de Macy en Nueva York.

The West Harrison Band incluye tres bandas de conciertos superiores, dos guardias de invierno y una unidad de percusión bajo techo.

La guardia de invierno "A" ha sido finalista regional de WGI varias veces.

En el año 2018, West Harrison Band fue finalista en la percusión bajo techo.

También en el año 2018, se convirtió en finalista súper regional de WGI Hattiesburg.

Las participaciones musicales de la Banda West Harrison también han sido presentadas en televisión durante el "Especial del 90º aniversario de Macy" en NBC TV, y el "Especial de promoción del día de hoy de Macy" de 2017.

Recientemente en la edición de abril de 2018 de la revista SB & O donde se escriben artículos sobre bandas y su preparación para grandes desfiles aparece un artículo sobre la banda West Harrison.

En el año 2019, la Banda de West Harrison High School aceptó la invitación para tocar en el Rose Parade 2020.

Este es un gran logro para la Banda West Harrison, y para su director, Tim Garrett, así como también para el Estado de Mississippi.

Director de la Banda
West Harrison Hurricaine

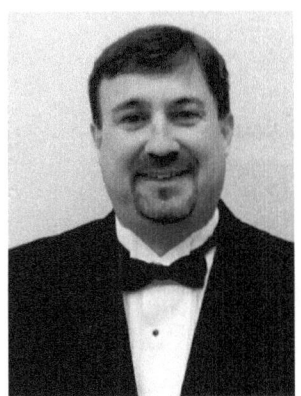

Tim Garrett

Desde 2010 hasta el presente, el Sr. Garrett ha sido el director de la Banda de West Harrison Hurricaine en Gulfport, Mississippi.

Desde que Garrett empezó a enseñar en el año 2001, las bandas que ha tenido a su cargo han recibido consistentemente calificaciones superiores con la designación de premios de sorteos en las áreas de conciertos, lectura a primera vista y actuación de bandas de música.

Durante los años que Garrett ha sido director en West Harrison Hurricaine, la banda ha crecido de ochenta miembros a doscientos quince miembros en los últimos ocho años.

Teniendo en cuenta que la población de West Harrison High School es solamente de novecientos ochenta estudiantes, podemos ver que el crecimiento de la banda durante estos años es sorprendente.

Tim Garrett actualmente es miembro de las Bandas

de la Costa del Golfo y también de la Asociación de Directores, la Asociación de Bandmasters de Mississippi, la Asociación de Bandas Nacionales y la Asociación de Directores de Bandas de Escuelas Estadounidenses.

Desde su llegada a West Harrison High School, Tim Garrett ha sido varias veces "Maestro del Mes", y en el año 2012 recibió el aclamado premio de la NBA "Citation of Excellence".

En el año 2013, fue nombrado director de la Banda de la Costa del Golfo del Año.

En los años 2016 y 2018 fue el maestro STAR de West Harrison High School.

En el 2016 recibió el reconocimiento como maestro de "Todas las Estrellas" para Mississippi, siendo Garrett el primer finalista de la NAFME.
En 2017, fue Director Nacional de Banda del Año.

Su trayectoria es impresionante y se refleja en los logros que ha tenido la banda desde que Garret es el director.

Es un gran logro para la banda el haber sido invitada a participar en el Rose Parade 2020 y también es un orgullo para el Estado de Mississippi que por medio de la institución educativa West Harrison, puedan ser parte de este aclamado evento.

Rosas al ritmo de la esperanza

Banda Municipal de Zarcero Alajuela, Costa Rica

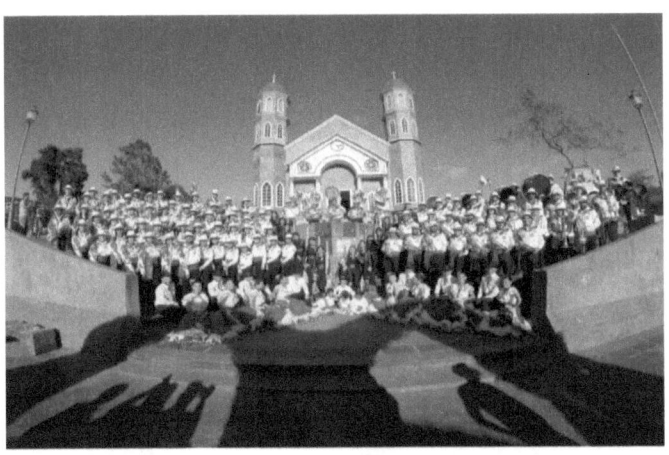

El director de La Banda Municipal de Zarcero, el señor Elesban Rodríguez Rojas es también su fundador y ha estado a cargo de la dirección de la banda por un período de once años consecutivos.

La banda fue fundada con el objetivo de promover la cultura y el folclor costarricense dentro y fuera del país y también para motivar a los jóvenes y niños de la comunidad de Zarcero a desarrollar sus aptitudes musicales.

Otro de los propósitos de la banda es apartar a los jóvenes de situaciones que los expongan al crimen en las calles, al vandalismo, a las drogas y a otros problemas de carácter social.

Uno de los mayores requisitos que son fundamentales para los integrantes de la banda es su consistencia, disciplina y esfuerzo para cumplir con las prácticas que realizan tres veces por semana.

Sus presentaciones a nivel nacional varían desde

conciertos en los que la banda se presenta como una orquesta sinfónica a las presentaciones que hacen en los desfiles y eventos patrióticos como banda musical y en los desfiles a nivel internacional.

Además del grupo de doscientos sesenta miembros que forman La Banda Municipal de Zarcero cuenta con un grupo complementario de danza folclórica, que es uno de los más destacados del país. Este grupo de bailarines folclóricos acompañan a la banda a algunas de sus presentaciones.

En lo que respecta a la participación a nivel internacional, en el año 2018, la Banda Municipal de Zarcero fue a Italia y obtuvo primer lugar en la categoría de bandas folclóricas en el Festival de Bandas Internacionales de Giulianova.

Además de este importante premio, La Banda Municipal de Zarcero ha ganado otros en distintas categorías y ocasiones tanto en Panamá como en Costa Rica.

En el año 2014, la banda ganó tercer lugar en el Festival de La Luz en San José, Costa Rica.

En el año 2017, ganó segundo lugar en el desfile de celebración de la Fundación Bocas del Toro en Panamá.

En el año 2017, ganó primer lugar en el Festival de COFECA en la categoría de bandas. Este evento se llevó a cabo en Monrovia, Los Ángeles, California.

Uno de los objetivos principales de la Banda Municipal de Zarcero es continuar participando en importantes eventos tanto nacionales como internacionales a la altura del Rose Parade de Pasadena, California,

Otro de sus objetivos es proyectar la música folclórica costarricense fuera de las fronteras del país y dar a conocer las costumbres y tradiciones de Zarcero y así poder atraer el turismo a su comunidad.

Rosas al ritmo de la esperanza

Zarcero es una ciudad rural que está localizada a sesenta y siete kilómetros de la capital de Costa Rica, la provincia de San José.

Zarcero está dividido en siete distritos y es una área muy pintoresca, rica en agricultura y ganadería lechera.

Su clima es frío y tiene ciertas características que atraen al turista, como lo es su famoso parque Evangelista Blanco Brenes que está artísticamente decorado con figuras de animales muy creativas que fueron construidas con alambre y cubiertas con ramas de árboles.

El parque Evangelista Blanco Brenes está situado frente a la iglesia San Rafael Arcángel en el centro de Zarcero.

Aunque el pueblo de Costa Rica se enorgullece de las bandas musicales que ganan premios en el exterior y ponen muy alto el nombre del país, el gobierno de Costa Rica no cuenta con fondos asignados para impulsar económicamente a las bandas musicales como lo es el caso de La Banda Municipal de Zarcero.

Sin embargo, por medio del Ministerio de Cultura la banda recibe apoyo en otras formas que no son necesariamente monetarias.

Los fondos que cubren los gastos de la Banda Municipal de Zarcero provienen de las cooperativas locales, de la Municipalidad de Zarcero, de los comerciantes de Zarcero y de actividades comunales que los vecinos de la comunidad y los integrantes de la banda realizan para reunir el dinero que les cuesta viajar al exterior.

Con respecto a propaganda que les hace la prensa de Costa Rica, la banda siente un gran apoyo por parte de todos los medios, tanto periodísticos, como televisivos y radiales.

Estos medios los han promovido especialmente en su participación en el Rose Parade de Pasadena 2020, desde que se enteraron que ellos fueron invitados y seleccionados para participar en este magno evento.

Las edades de los miembros de La Banda Municipal de Zarcero oscilan entre los ocho y los treinta y cinco años y todos sus integrantes son vecinos de la comunidad de Zarcero.

Una de las particularidades de esta banda es que no hay límite de edad para continuar como integrantes aunque alcancen la mayoría de edad.

Los miembros de la banda pueden permanecer tocando un instrumento por muchos años sin importar la edad que tengan.

En el caso de los integrantes que son menores de edad, cuando viajan al exterior, lo hacen acompañados de sus padres, familiares y amigos o de personas que sus padres deleguen la responsabilidad de cuidarlos.

Algo importante de destacar es que La Banda Municipal de Zarcero está formada en un cincuenta por ciento por varones y en un cincuenta por ciento por mujeres.

En su participación en el Rose Parade 2020, la banda tocará un total de diez piezas musicales que incluye música folclórica costarricense y otras piezas variadas de ritmo latino.

Una anécdota que la banda recuerda que les ocurrió durante una de sus primeras presentaciones tomó lugar en el primer Festival de La Luz en el que la banda participó en la capital de Costa Rica, San José.

Cuando la prensa se acercó a entrevistar al director, la entrevista se realizó en el más completo silencio porque ningún músico se atrevió a tomar la dirección de la banda para cubrir el puesto del director mientras éste hablaba con los medios.

Fue un momento muy estresante para el director porque la banda estaba en sus inicios y la confidencia de sus integrantes era primordial.

    El día de hoy cuando sus integrantes recuerdan que esto les ocurrió, lo recuerdan como una experiencia humorística, y les sirve de motivación porque se dan cuenta cuánto han crecido en su profesionalismo y auto confianza.

Rosas al ritmo de la esperanza

Director de la Banda Municipal de Zarcero

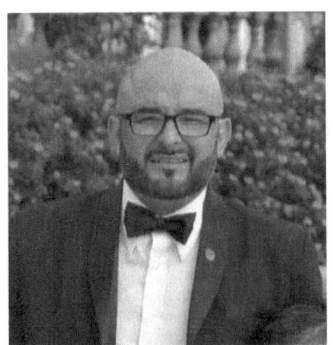

Elesban Gerardo Rodríguez Rojas

El señor Esleban Gerardo Rodríguez Rojas es Licenciado en Educación Musical.

Es profesor en el Liceo Laguna de Zarcero y en el CTP de Zarcero.

Es el fundador y el director actual de la Banda Municipal de Zarcero.

Fue fundador y director de la Escuela de Música de Zarcero.

También fue fundador y director de la Academia de música San Francisco en Zarcero.

Se desempeñó como profesor de piano en Academia San Francisco.

Ha sido director del Coro San Francisco en Zarcero

También ocupó el cargo de director del Nuevo Proyecto Banda Colegio Diocesano en Ciudad Quesada.

Ha hecho diferentes presentaciones a nivel nacional con la Banda Municipal de Zarcero.

Participó en el Festival de La Luz en San José y en

otras comunidades y provincias de Costa Rica. Internacionalmente también la Banda Municipal de Zarcero se ha presentado en diferentes ocasiones.
En el 2013 se presentó con la banda en Panamá
En el 2017 en Los Ángeles California
En el 2017 en Bocas del Toro Panamá
En el 2018 en Giulianova Italia
En el 2019 en Dayton, Ohio
Uno de los mayores logros de la Banda Municipal de Zarcero es haber clasificado para el Desfile de las Rosas 2020 en Pasadena California

Pearland Marching Band
Pearland, Texas

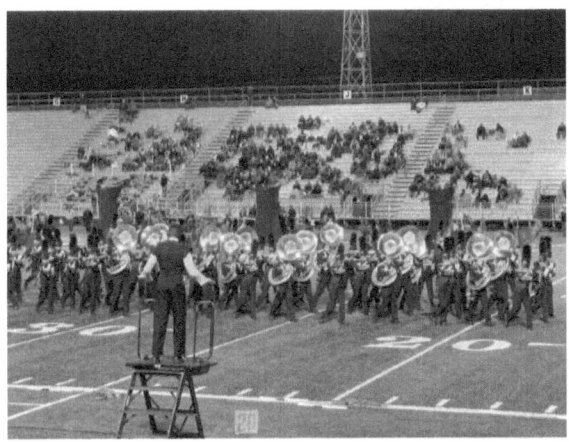

La Banda Pearland, es el orgullo de la ciudad en la cual fue inspirado el nombre de la banda, Pearland, Texas.

Joe Muñoz ha tenido a su cargo la dirección de la banda por siete años consecutivos.

La banda se fundó el mismo año en que la escuela de Pearland abrió oficialmente sus puertas para la comunidad de Pearland.

El propósito de su fundación fue apoyar la escuela y la comunidad con su participación musical en eventos sociales.

Pearland está localizado aproximadamente a unos veinte minutos del centro de Houston y a unos quince minutos del Texas Medical Center.

El estilo de vida de los habitantes de Pearland es el de un pequeño pueblo rural, sin embargo, Pearland tiene restaurantes de alta calidad.

Otro dato importante que hace destacar esta ciudad es que está situado a unos quince minutos de la NASA (Johnson Space Center)

El tipo de música que la Banda Musical Pearland toca varía según el tipo de evento al que son invitados.

La banda se presenta algunas veces como orquesta sinfónica y otras como banda dependiendo la ocasión.

Cuando son invitados a amenizar eventos deportivos o eventos para la comunidad como desfiles patrióticos ellos tocan música popular.

La banda la forman trescientos setenta y dos miembros de trece a dieciocho años de los cuales aproximadamente están divididos por igual número de mujeres que de varones.

La disciplina y constancia es un requisito para estar en la banda porque tienen prácticas tres veces por semana durante el curso lectivo.

Cada año nuevo integrantes se añaden a la banda porque cuando los jóvenes se gradúan del High School ya no pueden pertenecer a la banda.

La banda de Pearland será una de las participantes en el Rose Parade en Pasadena, California el 1 de enero del 2020 y tocarán tres piezas durante este desfile.

Para cubrir los costos del viaje para este importante evento y a otros que son invitados, los integrantes de la banda y su director, levantan fondos con actividades de su club y también reciben el apoyo financiero de algunos comerciantes de Texas, pero mayormente sus patrocinadores son vecinos de Pearland.

Con respecto a la relación que la banda tiene con los medios, es excelente porque tanto los periódicos locales como la televisión les dan un gran apoyo en cuanto a cobertura cuando la banda se presenta en los diferentes eventos a los que es invitada.

Como la mayoría de los miembros que conforman la banda son menores de edad, vendrán acompañados de sus familiares ó chaperones designados por sus padres además del director y de algunos administrativos del distrito escolar.

Rosas al ritmo de la esperanza

Director de Banda
Banda Marchante Pearland

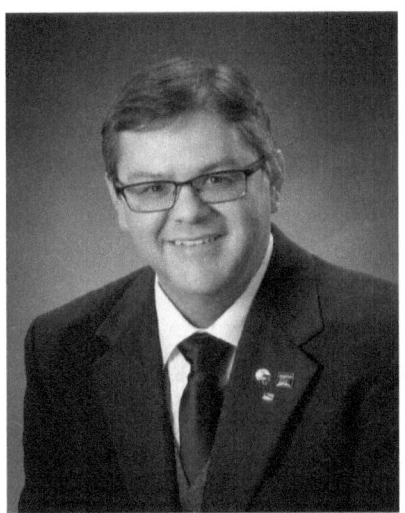

Joseph A. Muñoz

Joseph Muñoz obtuvo su licenciatura en música de la Universidad de Houston, Texas USA.

Actualmente es el Director de Banda de Pearland High School y es la persona responsable de todas las áreas del Programa 6 A Band.

A lo largo de su carrera ha sido instructor en otras bandas escolares en Clear Lake High School, Oak Ridge High School y en Woodland High School.

En la actualidad, es juez de los concursos de bandas de honor de la banda de conciertos, regionales y en otras áreas y concursos de bandas de música, y también es un clínico de banda regional y clínico de banda individual. Es el líder e instructor del personal superior.

George N. Parks Drum Major Academy y en varios lugares de la DMA en todo el país. Muñoz es responsable de la instrucción de tambores mayores en los fundamentos de marcha, dirección, evaluación y liderazgo.

Ha participado en muchos eventos:
2013-Presente: U.I.L. Concurso de la Banda de Marcha - Calificación de Primera División de la Escuela Secundaria Pearland -
2014: Clasificatorio y Finalista del Área F -, Concurso Estatal de Banda Marchante –
2014 – 2016: Bands of America Regional Championships Finalista regional - U.I.L. Concurso de la Banda de Marcha - Clear Lake High School
2003-Presente: Calificación de Primera División –
2004, 2006, 2008, 2010, 2012: Clasificador y Finalista del Área F –
2012: Concurso Estatal de Banda Marchante -
U.I.L. Concurso de la Banda de Marcha - Oak Ridge First Division Rating cuatro años consecutivos Campeón de clase 4A en varios festivales de marcha
U.I.L. Concurso de la Banda Marchante - McCullough / The Woodlands First Division Rating cinco años consecutivos
Bands of America Regional Championship - McCullough / The Woodlands Finalist seis veces consecutivas
1998: Bands of America Grand Nationals Championship - The Woodlands Semi - Finalist

Banda Colegial Centenaria de Mayaguez, Puerto Rico

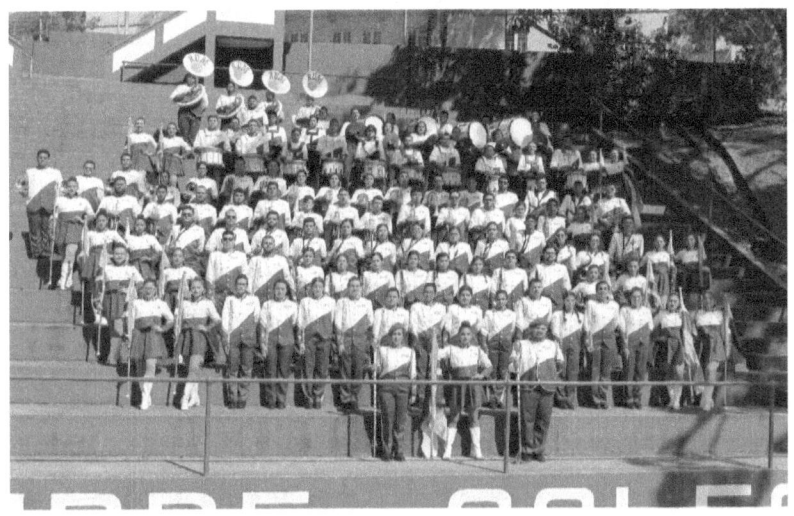

La banda fue fundada en el año 2016, y algo que es importante mencionar es que esta banda musical empezó como una banda militar en Puerto Rico y era parte de la ROTC, las reservas oficiales de entrenamiento de la Universidad de Puerto Rico.

El fundador original de la banda fue Juan Madera. El director de la Banda Colegial Centenaria de Mayaguez, Puerto Rico en la actualidad es el señor Lester Perez Flores.

En la banda predominan los músicos del sexo masculino pero no por un alto número, pero si hay más hombres que mujeres entre sus integrantes. Sus edades oscilan entre los diecisiete y los veintiséis años.

En el Rose Parade del 2020, donde fueron invitados a participar, tocarán un total de doce canciones de música popular de ritmo latino.

La Banda Centenaria no tiene realmente

patrocinadores grandes ni gubernamentales para cubrir sus gastos de las presentaciones a nivel local ó a nivel internacional.

El dinero de los gastos sale de su bolsillo aunque algunos de los comerciantes y organizaciones locales contribuyen con ellos para cubrir los gastos mayores del viaje al exterior.

Al desfile del Rose Parade 2020, algunas de las personas que acompañarán a los jóvenes músicos son representantes de la Universidad y familiares ó padres de los integrantes.

Los músicos que conforman la Banda Colegial Centenaria, no son únicamente locales, hay músicos que vienen de diferentes zonas de Puerto Rico.

Algunos integrantes viajan a Mayaguez a estudiar y otros vienen solamente para participar en los ensayos de la banda.

Generalmente los ensayos son dos veces por semana por un lapso de dos horas. En ciertas ocasiones las prácticas se realizan también los sábados para añadir un día extra a los ensayos.

La prensa apoya a la Banda Colegial Centenaria por varias razones, primera porque es la única banda universitaria de toda la isla.

También les dan espacios de tiempo en la televisión y en la radio para que hablen de sus proyectos y de sus viajes cuando tienen actividades especiales.

Otro apoyo que les da la prensa es que promueven la ayuda que algunas personas ó comerciantes les quieran dar para cubrir los gastos de viajes como el del evento del Rose Parade del 2020.

La banda ha participado en muchos eventos dentro y fuera de Puerto Rico.

En el año 2008 participaron en el desfile portorriqueño en New York.

Rosas al ritmo de la esperanza

También han participado dentro de Puerto Rico, en el Desfile Juan Ponce de León en San Juan.
Otras participaciones son:
El Carnaval Mayaguezano
El desfile navideño en San Juan
Justas Interuniversitarias
Relevo por la vida
Marcha contra el cáncer del seno
Actividades que realiza la Cruz Roja Americana Feria Agrícola "Cinco días con nuestra tierra"
Feria de Libro
Juegos Centroamericanos y del Caribe " "Oficina de la Juventud en Puerto Rico Desfile del Descubrimiento de Aguadilla Instituto de cultura de Puerto Rico.

La Banda Colegial Centenaria solamente ha hecho presentaciones en Los Estados Unidos y en Puerto Rico.

En este momento están ensayando para el Desfile de Las Rosas 2020 y también para participar en las Justas Atléticas inter-universitarias de Puerto Rico que se llevarán a cabo en abril del 2020.

Los planes futuros de la banda son de participar en otros eventos internacionales similares al Desfile de Las Rosas de Pasadena.

Rosas al ritmo de la esperanza

Director Banda Centenaria

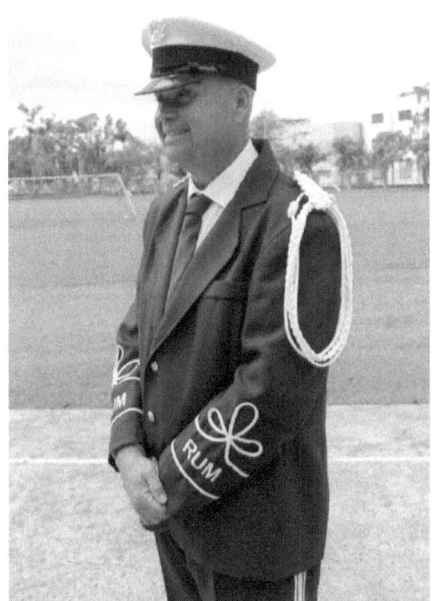

Lester Perez

Lester Pérez Flores nació en Mayagüez Puerto Rico el 18 de julio de 1965.

Es hijo único de Tomás Pérez y Teresa Flores. Él creció en San Germán, donde realizó sus estudios de primaria en la escuela primaria Antonia Martínez, los estudios intermedios en la Escuela Julio Víctor Guzmán y cursó su secundaria en la Superior Lola Rodríguez de Tío.

Pérez obtuvo una licenciatura en artes con concentración en música de la universidad Interamericana de Puerto Rico en San Germán.

Su trabajo con el Departamento de Educación en Puerto Rico comenzó en las escuelas públicas de la zona donde nació.

Actualmente, Pérez continúa enseñando en la

Escuela Libre de Música Ernesto Ramos Antonini de Mayagüez.

Trabaja con el departamento de música y también actúa como director de la banda intermedia, así como la banda de música.

Pérez es también el fundador del Puertorrican Brass Fest, una actividad que actualmente reúne a estudiantes y profesores de toda la isla y de los Estados Unidos, la cual se especializa en instrumentos de metal.

Lester Pérez está felizmente casado con María Cancel y es el padre de Lester Jr, Lezmarie y Mariel, quienes han heredado el amor de su padre por la música.

A Lester Pérez le encanta navegar en alta mar, con sus seres queridos y amigos.

Le apasiona cualquier actividad que tenga que ver con la música, especialmente cuando se trata de un bajo o una tuba.

Pérez apoya cualquier participación musical en el lado oeste de la isla, ofreciendo sus propias instalaciones en su hogar para prácticas y grabación a varios grupos locales.

También participó como voluntario en los Juegos Centroamericanos del Caribe Mayagüez en el 2010.

Pérez fue el fundador y director de la orquesta Caminando (Homenaje a Rubén Blades).

También es miembro de la Banda Municipal de Ponce, así como de muchos otros grupos y orquestas.

Es también es el director de la Centenaria Banda Colegial desde enero de 2016 hasta hoy.

Baldwinsville Marching Bees

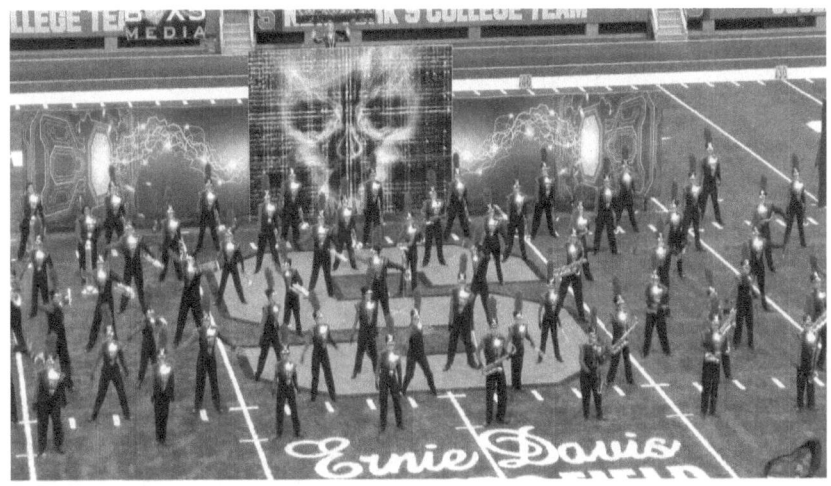

La banda de la escuela secundaria Baldwinsville Marching Bees ha sido invitada a varios eventos importantes desde su fundación.

La banda ha participado en competencias, homenajes importantes y en campeonatos deportivos de gran relevancia.

Baldwinsville Marching Bees Band ha participado repetidamente en programas de televisión y eventos deportivos en el área de Syracuse, Nueva York

En el 2009, la banda participó en el homenaje a los veteranos militares a bordo del USS Intrepid en Manhattan, Nueva York.

Bajo la dirección de Casey Vanderstouw, la banda fundó el "Bee Pep Band Plan" en Baldwinsville en 2009.

En el 2010, la Baldwinsville Marching Band ganó el Campeonato de la USSBA Maryland /

Delaware State Field Band en Towson, Maryland.

En el 2012, ganaron la competencia de Gator Bowl Field Band y fueron premiados en el Desfile de Jacksonville, Florida.

En el 2016, The Marching Bees fueron seleccionados para participar en el desfile de Navidad de Macy en los Estudios Universal de Florida.

En el 2018, la banda de música de Baldwinsville The Marching Bees, participó en una competencia regional en Tennessee y formó parte de una sesión de grabación en The Third Man Records en Nashville, Tennessee.

En esta ocasión, alcanzaron un gran logro al obtener el puntaje más alto en la historia de la competencia por tercer año consecutivo.

La banda ha ganado múltiples campeonatos del estado de Nueva York y ha tocado para los Jets de Nueva York y los Bills de Buffalo en el Russell Athletic Bowl.

La Banda de la Escuela Secundaria Baldwinsville fue invitada a tocar en el Cabo Cañaveral, en Florida, en el Centro Espacial Kennedy.

Para celebrar el décimo aniversario de la banda, se organizó una fiesta al mismo tiempo que se lanzó su primer disco de vinil en el Palace Theater de Syracuss el 25 de enero de 2019.

Además de ser el orgullo de los desfiles que se celebran anualmente en San Patricio, Syracuss la Banda de Baldwinsville tiene una invitación pendiente para participar en el Desfile de San Patricio en Dublín, Irlanda.

Uno de los mayores logros de la banda de Baldwinsville Marching Bees es el haber sido seleccionado como una de las dieciséis bandas que participarán en el Desfile de Las Rosas en Pasadena, California en 2020.

La banda lleva el nombre de la escuela secundaria y

también su nombre es en honor de Baldwinsville.

Baldwinsville es una zona agrícola muy próspera con muchos molinos a lo largo de la costa norte y al sur del río Seneca.

Desde los 1900, la ciudad de Baldwinsville ha conectado por ferrocarril a las ciudades de Syracusse y Oswego.

Baldwinsville es un pequeño pueblo de aproximadamente ocho mil habitantes y una área agrícola muy próspera.

El pueblo de Baldwinsville tiene pequeñas fábricas como Morris Machine Works, Jardines Bronze Foundry, entre otras.

En Baldwinsville hay una cervecería, propiedad de Anheuser-Busch que se construyó al este de Baldwinsville a mediados de la década de 1970 aprovechando los amplios suministros de agua del lago Ontario.

Rosas al ritmo de la esperanza

Rosas al ritmo de la esperanza

Director de la Banda Balsdwinsville Marching Bees

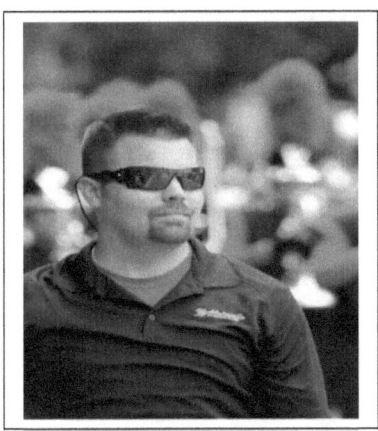

Casey Vandertouw

Casey Vanderstouw es el actual presidente de la Conferencia de la Banda de Campo del Estado de Nueva York, y el director del programa de Banda de la Escuela Secundaria Baker en Baldwinsville, Nueva York.

Su trabajo incluye dirigir la banda Baldwinsville 'Bees' así como la Concert Band, 'Plan Bee', Pep Band, Jazz Band y el Vynil Club.

Vanderstouw también coordina los programas de Winter Percussion y de Winter Guard.

Bajo su dirección, la Banda de Baldwinsville ha disfrutado de numerosos reconocimientos.

En el 2014, la banda participó en el prestigioso ochenta ochoavo aniversario del desfile anual del Día de Acción de Gracias de Macy's.

La Banda de Balsdwinsville bajo la dirección del señor Vanderstouw es una de las seleccionadas para ser parte del Desfile de Las Rosas en Pasadena, California, el

Rosas al ritmo de la esperanza

1 de enero de 2020.

Antes de su puesto en Baldwinsville, el Sr. Vanderstouw era el Director de Bandas en Wellsville, Nueva York.

En 2008, la Wellsville Marching Band completó la primera temporada invicta de bandas de campo en los veintidos años de historia del programa.

Anteriormente, Vanderstouw ha sido director de otras bandas de música y conjuntos de batería en los distritos escolares de Cicero-North Syracuse y Moravia.

Vanderstouw se graduó con honores de la Universidad de Boston (M.M.E. Magna Cum Laude) También es egresado de la Universidad de Syracuse (B.M.E. Magna Cum Laude) y del Onondaga Community College (A.A.S. Magna Cum Laude).

En Onondaga, fue fundador e instructor de la línea de tambor del Onondaga Community College.

Vanderstouw realizó una gira y actuó con este grupo de percusión del Onondaga Community College y con la banda Ragtime.

En la Universidad de Syracuse, fue miembro fundador de Syracuse University Fife and Drum Corps y también participó con las bandas Orange Marching Band, Wind Ensemble, Orchestra, Percussion Ensemble, Brazilian Ensemble, Windjammer Jazz Ensemble y Sour Sitrus Society Pep Band.

En el año 2006, Vanderstouw fue seleccionado como Class Marshal para la clase de graduación de 2006 de la escuela de Artes Visuales y Escénicas de la Universidad de Syracuse.

En esta ocasión, Vanderstouw ocupó un rol muy importante en la participación del animador Billy Joel como orador de la graduación.

En 2018, el Sr. Vanderstouw recibió el premio de

"Maestro Inspirador" por parte de la Universidad de Clarkson. Premio que es otorgado por esta institución a los maestros sobresalientes del estado de Nueva York.

    En el año 2019, fue nombrado "Gael", la cual es una posición honoraria que le fue otorgada por sus destacados servicios comunitarios en el centro de Nueva York por parte del Comité Syracuse St. Patrick's Parade.

    Una de las características que distinguen al Sr. Vanderstouw es que es un gran promotor para ofrecerles nuevas oportunidades de desempeño a sus estudiantes, y su rol de educador es ayudarlos a alcanzar el éxito no solo como músicos sino también como ciudadanos.

Rosas al ritmo de la esperanza

Kamehameha Schools Warriors

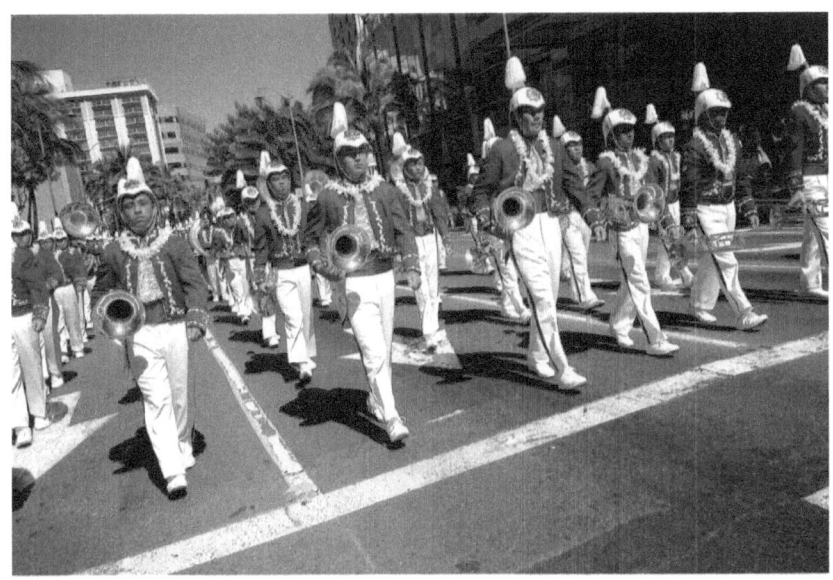

La Banda de Kamehameha Schools Warriors han hecho presentaciones a nivel internacional y han recibido múltiples reconocimientos.

La banda está bajo la dirección del Sr. Matthew Kaleiokaoli Urabe (KS '99) y de su asistente Cristine Selle.

Entre las actuaciones internacionales están el Desfile del Torneo del 100 ° Aniversario del Desfile de Las Rosas.

En el año 1982 participaron en el Desfile del Festival de las Rosas de Portland.

En 1984 la Banda Kamehameha Schools Warrior, se presentaron en el Desfile de La Fiesta Bowl en Arizona.

En 1991 también formaron parte del Desfile del Orange Bowl.

Rosas al ritmo de la esperanza

En 1987, realizaron una gira de tres semanas por Europa, que incluyó actuaciones en Suiza, Austria, Francia y Alemania, Kamehameha y la banda se convirtió en la única banda musical estadounidense de secundaria que hizo una aparición en el prestigioso Royal Tournament en Londres.

También es la única banda de Hawaii que se ha presentado en una actuación de medio tiempo de la NFL en 1993 para los San Francisco 49ers y en 1996 para los Baltimore Ravens.

Tambien en 1993, esta banda participó en el Desfile Inaugural Presidencial durante la toma de posesión del gobierno del presidente Bill Clinton en Washington DC.

En 1994 fueron invitados y asistieron al Desfile del día de Año Nuevo de Londres.

A finales del año 1999 y a principios del año 2000, las Bandas Kamehameha School Warriors tuvo el gran honor de ser seleccionada como la única banda de la Escuela Secundaria de Hawaii, así como de los Estados Unidos para recibir una invitación del Principado de Mónaco y para presentarse en el Palacio Real de Mónaco.

Otros lugares en las que han participado en Europa incluyen las ciudades de Lugano, San Pablo, Niza, Florencia, Milán y Roma, así como otras visitas históricas que realizaron a la Torre Eiffel, al Museo de Louvre, a La Catedral de Notre Dame, a La Scala, a La Catedral del Duomo, a Ponte Vecchio y al Vaticano en Roma.

Otro éxito para el estado de Hawái fue en junio de 2006, cuando la Banda Kamehameha Warrior & Color Guard se convirtió en la primera banda de Hawaii que hizo una gira y se presentó en China.

Rosas *al ritmo de la esperanza*

Kamehameha School Warriors Marching Band & Color Guard, invitados por el gobierno de China se presentaron en Beijing, Xian, Shijiazhuang y Shanghai.

Rosas al ritmo de la esperanza

Kamehameha School Warriors
Director de la banda

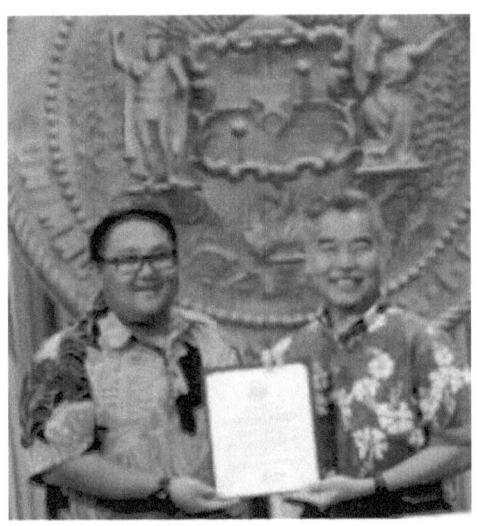

Matthew Kaleiokaoli Urabe

Al director de la Banda de Kamehameha School Warriors, se le conoce como Matt Uraba.

Ha sido director de la Banda de las Kamehameha School Warriors desde abril del 2015 hasta el presente y está a cargo de los arreglos musicales para la banda de música y para la banda sinfónica.

Urabe ayuda a otros directores de banda en ensayos y eventos en los que ellos participan.

Dirigió la banda para el concierto anual de Navidad y el concierto pop y también dirigió el programa de jazz en el campus Kamehameha-Kapalama.

Desde noviembre de 2010 hasta julio de 2011, Urabe planificó y dirigió la instrucción a la banda, mientras creaba un ambiente de aprendizaje positivo.

Estuvo a cargo de la organización de eventos, para ayudar a la banda a convertirse en exitosa en su comunidad.

Una de las grandes cualidades de Matthew Urabe es que tiene una excelente relación con los estudiantes, los profesores y los padres de familia.

Urabe ha comprado instrumentos, equipos y música para el programa de la banda y ha sido mentor de varios estudiantes que recibieron becas de música universitaria.

Greendale High School Marching Band Wisconsin USA

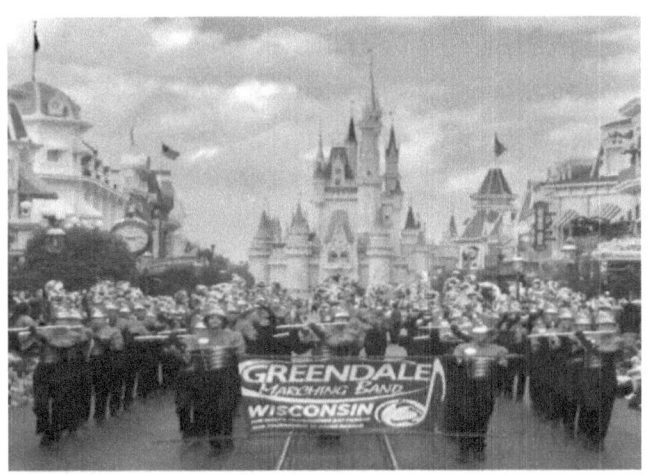

Greendale High School Marching Band se estará presentando en el Desfile de Las Rosas el primero de enero del 2020.

La banda se fundó en el mismo momento en que se inauguró Greendale High School. La fundación fue en 1953 y desde entonces ha recibido muchos premios por sus numerosas actuaciones, ya sea localmente o en el extranjero.

Por los últimos diecinueve años, el profesor Tom Reifenberg ha sido el director de esta banda.

El pueblo de Greendale es un suburbio de Milwaukee, Wisconsin, aproximadamente a 15 minutos del centro de Milwaukee.

Greendale se estableció como una "comunidad planificada" como parte del New Deal de FDR en 1938.

Es una de las tres ciudades de Greenbelt en los

Estados Unidos que se desarrollaron en esa época de la historia de los Estados Unidos.

La ciudad tiene una población de poco más de 14,000 habitantes.

Los medios de comunicación locales consisten en la televisión/radio de Milwaukee y fuentes impresas.

Los medios comenzaron a cubrir la noticia del viaje de la banda a Pasadena, desde que se enteraron de su participación y continuarán conforme el evento se vaya acercando.

Esta banda está formada por doscientos diez miembros y tiene un número casi igual de hombres que de mujeres.

La banda estará tocando tres canciones durante el desfile, "From Now On" de la película "The Greatest Showman", "Larger Than Life" de "The Backstreet Boys", y "One Foot" del grupo "Walk the Moon".

La banda de Greendale High School no cuenta con ningún patrocinio del gobierno, pero eso no ha impedido que ellos se presenten en muchos lugares a nivel nacional o internacional.

El reto económico ha motivado a los miembros de esta banda a embarcarse en múltiples aventuras de recaudación de fondos de forma individual y como grupo.

Ejemplos de las actividades de recaudación de fondos han sido desayunos con panqueques, campañas de recolección de zapatos que han ayudado a la comunidad mientras recaudan fondos, en juegos de baseball. También han organizado ventas de comidas y bebidas y han preparado y vendido más de siete mil pizzas entre otras muchas otras actividades cuyos fondos les han permitido seguir con sus presentaciones en muchos lugares.

La banda Greendale High School está muy agradecida con dos de sus mayores patrocinadores de la empresa privada que siempre los apoyan en sus aventuras musicales: CG Schmidt y Visual Image Photography.

Los miembros de la banda ensayan cinco días por semana como parte de su horario diario de clases de secundaria.

Las edades de los miembros de la banda son de catorce a dieciocho años. Un gran número de ellos son menores de edad y es por esto que la banda contrata alrededor de doce personas para que acompañen a los integrantes en sus eventos.

Además de este personal que es contratado por la banda, hay cerca de treinta y cinco personas que voluntariamente asisten para ayudar con la supervisión de los jóvenes.

La Banda de Greendale High School ha tenido un gran éxito, logrando catorce campeonatos estatales consecutivos en Wisconsin.

Entre otros, la banda se ha presentado en el Desfile del Día de Acción de Gracias de Macy's 2016, en el desfile del Festival de Luces de Navidad Magnificent Mile 2017 y 2018 de Chicago, televisado a nivel nacional.

También hace su presentación anualmente en el mes de noviembre en El Gran Campeonato Nacional de Bandas de América.

Se presentó en el desfile del Centenario de Club de Leones en Chicago en el 2017.

La Banda de Greendale High School recibió el premio Sudler Shield de la Fundación John Philip Sousa, otorgado a las mejores bandas de música de todo el mundo.

El objetivo principal de la banda es mejorar continuamente y ser una fuente de orgullo para la comunidad de Greendale y el estado de Wisconsin.

Como la mayoría de los miembros de la banda son

estudiantes de la secundaria, cuando se gradúan le dan la oportunidad a nuevos estudiantes para formar parte de la banda.

Cada año, cuando estos estudiantes se gradúan y dejan sus lugares en la banda, aproximadamente el mismo número de estudiantes se inscriben en la banda.

La Banda de Greendale High School es una banda de música que acepta a todo el que quiere ingresar. No hace audiciones y nunca despide a ningún alumno.

Cualquier persona que quiera participar en la Banda del Greendale High School, puede hacerlo.

Algunos de los integrantes de la banda además de ser músicos, también participan en un deporte de la escuela simultáneamente.

La banda de Greendale High School tiene un lema muy simple pero poderoso y lo recitan antes de cada presentación: "¡Diviértete!".

El director de la banda y sus miembros creen que si los estudiantes se divierten, la audiencia también lo hará.

Director de la Banda
Greendale High School
Marching Band

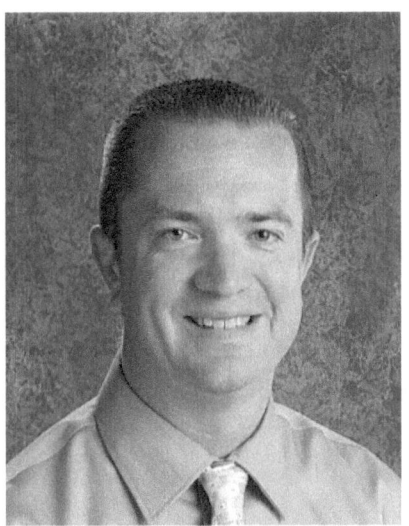

Tom Reifenberg

Tom Reifenberg empezó a trabajar en Greendale High School en el otoño de 2001, y ha ayudado a la banda a conquistar quince campeonatos consecutivos de bandas de música en el estado de Wisconsin, una aparición en el Desfile del Día de Acción de Gracias de Macy 2016, tres apariciones en el Festival de Luces Navideñas Magnificent Mile televisado a nivel nacional en Chicago, y ahora llevará a la banda a marchar en El Desfile de las Rosas 2020 en Pasadena, CA.

Obtuvo su licenciatura en educación musical de UW-Whitewater en el año del 2001.

Su profesor de dirección de bandas fue el Dr. Glenn Hayes y de piano el Dr. Myung-Hee Chung.

Reifenberg obtuvo su maestría en educación musical de la Universidad de Boston (2008).

Fue recientemente galardonado con el Premio al Servicio Distinguido Michael G. George 2017, el Educador del Año 2016 de la Cámara de Comercio de Greendale.

Es un beneficiario de la Beca Herb Kohl 2015, honrando la excelencia en educación en todo Wisconsin.

En el 2013, fue Representante de Wisconsin en el informe anual "50 directores que hacen la diferencia" de la revista School Band & Orchestra.

En el año 2015, fue uno de los miembros más jóvenes incluido en la Asociación de Bandmasters de Wisconsin.

Es cofundador y director musical del galardonado Greendale Community Theatre, y ha dirigido más de cincuenta producciones teatrales en toda el área de Milwaukee.

Reifenberg es miembro de NAfME y WMEA, ha servido en el comité de banda de marcha del estado de WSMA y la Junta de Directores de UWAY.

También es organista de su iglesia. Ha servido por ocho años en la Iglesia Luterana Trinity en South Milwaukee.

Está casado con la instructura de colorguard de Greendale High School, la señora Tami Reifenberg.

Durante su tiempo libre les encanta disfrutar en familia junto a su hijo Liam, quien es un entusiasta deportista.

Banda El Salvador Grande Como su Gente

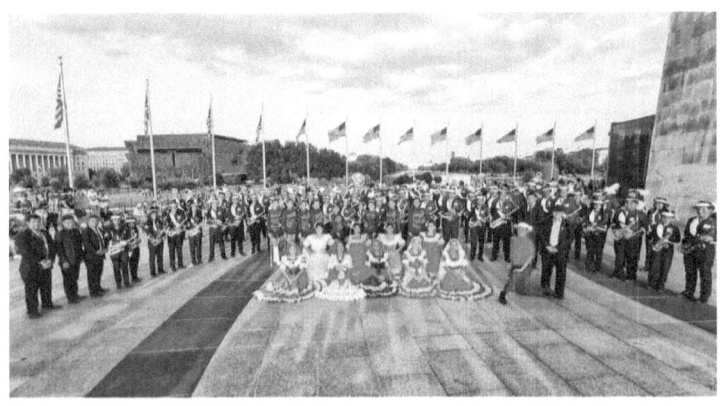

El Director General de la Banda Musical "El Salvador Grande como su gente" es el profesor Juan Carlos Lovato quien dirige a los miembros de la banda, junto a grandes maestros tales como el profesor Otoniel Mendez, la profesora Katya Iveth Hernández de Lovato, quien es la coordinadora de coreografía, el profesor Lenny Alexander Morán, el maestro de viento madera, el profesor Carlos Arturo Machado, el maestro de los trombones y los bombardinos, el profesor Napoleón Serpas, maestro de tubas, los profesores Luis Miguel Bonilla, Jonathan Melgar y Javier López, maestros de percusión, la profesora María Elena Cortez de Bonilla, maestra de cachiporristas, la profesora Celinda Silva, maestra de escuderas y el profesor Roberto Navarrete, director del Ballet Folklóricos Integrado.

La "Banda El Salvador Grande como su Gente" Fue recientemente acreditada para participar en El Desfile de Las Rosas por La Sra. Presidente del Tournament of Roses Committee, Laura Farber en un acto de entrega oficial de la bandera de dicho torneo, en donde también estuvo presente el señor embajador de Los Estados Unidos en El Salvador, el Coronel Ronald Douglas Johnson.

El principal objetivo de la "Banda El Salvador Grande Como su Gente" es resaltar el talento y capacidad musical de la juventud salvadoreña.

Esta banda está integrada por niños y niñas, jóvenes y maestros talentosos provenientes de cincuenta municipios de todo El Salvador.

Todos estos jóvenes son en su mayoría estudiantes de instituciones del sistema público del sistema educativo salvadoreño.

Tanto la banda como el baile folclórico integrado a la banda tienen como meta mantener las tradiciones del pueblo salvadoreño y sus vestuarios identifican al paisano en sus costumbres y muestran la riqueza de su cultura.

Unos de los integrantes de los bailes típicos son miembros del Ballet Folclórico Nacional Salvadoreño y otros son miembros del Ballet Folclórico Municipal de Santa Tecla, los cuales están dirigidos por el profesor Roberto Navarrete.

También forman parte de las presentaciones de la banda un grupo de porristas compuesto por señoritas que aparte de dar una completa demostración del dominio de la batuta, impresionan al público por su simpatía, elegancia y un gran talento coreográfico.

Estas señoritas porristas provienen de los departamentos de Cuscatlán, Usulután y San Miguel. La directora de su grupo es la maestra María Elena Cortez de Bonilla.

También la banda cuenta con un grupo de escuderas quienes con gran orgullo portan las letras con el nombre del país El Salvador además del escudo nacional.

Sus trajes son fabricados y pintados a mano, por modistas salvadoreños de gran renombre y cada uno de sus trajes representa un pueblo salvadoreño con sus respectivas tradiciones

Las escuderas provienen en su mayoría de Cuscatlán y de San Miguel y están dirigidas por la maestra Celinda Silva y también están bajo la supervisión del maestro Roberto Navarrete.

A la banda se unen el grupo de los zanquistas, quienes son una parte muy importante de las tradiciones de las fiestas patronales salvadoreñas, también conocidos como los "Chichimecos". Este grupo viste trajes alusivos a los carnavales y su coordinador es Yelter Herrera.

Este grupo son los que portarán en el desfile cada una de las banderas que representan el orgullo salvadoreño y actuarán como embajadores culturales en el magno Desfile de las Rosas.

Las banderas que estos jóvenes portarán serán la bandera del Desfile de Las Rosas, la bandera de Los Estados Unidos, la bandera de El Salvador, la bandera del Comité Salvadoreño El Piche y catorce banderas más, representando cada departamento de El Salvador.

También acompañarán a la banda un grupo de médicos en caso de que se presentare alguna emergencia. Este grupo está coordinado por la doctora Rossicely de Miranda.

El grupo de fotografía y video está coordinado por el técnico Julio César Herrera y le dará cobertura a todos los eventos y a los ensayos de la banda.

El ingeniero Heber Lara, es el jefe de logística y es el encargado de coordinar transportación, alimentación, itinerarios, listados, etc.

Su labor del ingeniero Lara es de muchísima responsabilidad dentro del equipo que acompaña a la banda.

También la banda cuenta con un grupo de voluntarios que están encargados de velar por las necesidades de todos los miembros.

Algunas de estas personas voluntarias, residen en Estados Unidos y otras en El Salvador.

La Banda El Salvador Grande como su Gente, está representada por el Comité Salvadoreño El Piche a nivel internacional.

La Banda El Salvador Grande como su Gente, nace por una iniciativa del señor Enot Rubio, presidente del Comité Salvadoreño El Piche, y del maestro Juan Carlos Lovato Mejía; ambos salvadoreños que tienen el objetivo de dar a conocer al mundo, la belleza y hermosura que El Salvador tiene para mostrar.

Por varios años, Enot Rubio y el maestro Juan Carlos Lovato, habían mantenido conversaciones sobre cómo crear una banda que fuera inclusiva, pero también preventiva y al mismo tiempo, sirviera para dar a conocer el talento existente en los pueblos salvadoreños.

Lo más importante que ellos deseaban era que fuera una banda quer representara a través de su música y la danza de los bailarines, la esencia de la cultura salvadoreña.

Es así, como en junio del 2017, cuando Enot Rubio, hizo su primera visita oficial a la ciudad de Cojutepeque en el departamento de Cuscatlán, a los integrantes de la Banda Internacional Cuarta Generación, dirigida por el maestro Lovato y la maestra Katya Iveth Hernández de Lovato, se forma la Banda El Salvador Grande como su Gente.

El señor Enot Rubio, en dicha visita a El Salvador, hizo oficial su deseo de que la banda participara en el mundialmente famoso Desfile de Las Rosas, y entre muchos puntos importantes, Rubio expresó cuatro puntos importantes, que más bien eran compromisos y condiciones para aceptar ese gran reto.

Uno de los puntos era que la organización del viaje

del proyecto estaría a cargo del Comité Salvadoreño El Piche.

Como segundo punto estableció que este proyecto debería ser algo ordenado y bien coordinado, regido por un reglamento disciplinario para cumplir el hermoso sueño.

El señor Rubio se comprometió a que si la banda calificaba para participar en el Desfile de Las Rosas, haría su viaje por vía aérea; y además notificó que la organización Comité Salvadoreño El Piche, realizaría gestiones para solventar las múltiples necesidades que la banda tuviera antes y durante el viaje.

Como cuarto punto dijo que la banda tenía que se inclusiva, es decir formada por niñas y niños ó jóvenes que vinieran de diferentes ciudades de El Salvador.

Finalmente el señor Enot Rubio, fue quien le dio el nombre a la banda de Banda El Salvador Grande como su Gente.

Tanto el señor Enot Rubio como los integrantes y el director de la banda El Salvador Grande como Su Gente, viven orgullosos de las raíces salvadoreñas.

El Salvador es un pequeño país localizado en Centro América con una población de diez millones de habitantes, de los cuales siete millones viven en El Salvador.

La gente de El Salvador son muy trabajadores, alegres por eso el país es conocido como "el país de la eterna sonrisa"

Sus paisajes están formados de amplias zonas verdes en sus valles, volcanes y con una gran variedad de flora y fauna.

El Salvador tiene muchos lagos, lagunas y ríos; de los cuales en su mayoría son reconocidos lugares turísticos, y muy utilizados para practicar diversos deportes acuáticos, como buceo, pesca, kayak o simplemente natación.

Las playas salvadoreñas están bañadas por las imponentes aguas del Océano Pacífico, que aparte de su impresionante belleza natural, poseen la temperatura ideal, su increíble fauna marítima, y la variedad de atractivos turísticos.

Su plato típico es "la pupusa" que consiste en una tortilla de maíz rellena con queso y otros ingredientes, que pueden ser, chicharrón molido, frijoles molidos, pollo, camarones, chorizo, entre otros muchísimos más ingredientes, dependiendo de la creatividad de quien los prepara.

Este plato es comúnmente acompañado por salsa de tomate y curtido, hecho a base de repollo picado y otros ingredientes.

El Salvador ha atravesado por situaciones difíciles a través de su historia como: problemas sociales, económicos y desastres naturales, pero el país ha salido adelante y ha sabido sobreponerse a cada situación y sigue en pie gracias al carácter y esfuerzo de su pueblo.

Muchos poetas, novelistas, músicos, arreglistas, compositores, escritores, actores de teatro, bailarines, deportistas sobresalientes y grandes líderes, por medio de los cuales, se ha dado a conocer, como un país capaz de producir personas que poseen múltiples talentos en diferentes áreas.

Director de La Banda El Salvador Grande Como Su Gente

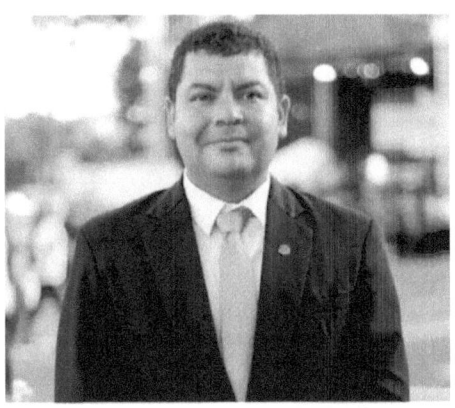

Juan Carlos Lovato Mejía

Juan Carlos Lovato Mejía, es el director de "La Banda El Salvador grande como su gente". Lovato es un maestro salvadoreño, de treinta y siete años que ha conquistador grandes logros en el campo musical en el Salvador.

Nació en la ciudad de Cojutepeque el 21 de junio de 1983 y ha dirigido diferentes bandas colegiales desde que era un niño de doce años.

Se graduó de ingeniero civil en una Universidad del Salvador pero prefirió enfocarse en la música y ha compuestos varias piezas musicales para diferentes bandas y para su ministerio religioso en su iglesia.

En el año 2001 comienza a dirigir bandas pequeñas y aprendió a tocar distintos instrumentos de percusión, de cuerda y de viento además tomó algunos cursos de canto.

En el año 2008 fue músico saxofonista y arreglistas

de la banda Nuestros Ángeles de El Salvador que participó anteriormente en el Desfile de Las Rosas.

En el año 2013 se convirtió en el arreglista principal de la Banda El Salvador, que participó en el Desfile de Las Rosas del 2013.

En el año 2016 al lado de Enot Rubio, presidente del Comité Salvadoreño El Piche, fundó "La banda El Salvador grande como su gente" y hasta la fecha esta es la organización que está al frente de coordinar la presentación de la banda en el Desfile de Las Rosas de Pasadena en el 2020.

"La Banda El Salvador grande como su gente", está formada por un equipo de maestros adhonorem, y bandas de renombre a nivel nacional y gracias a su reputación pudieron construir juntos este proyecto inclusivo y preventivo que está formada por doscientas cincuenta niños, niñas y jóvenes destacados y talentosos que provienen de cincuenta ciudades de El Salvador.

Bajo la dirección de Lovato la banda en mención ha participado en eventos en Guatemala, Costa Rica y recientemente en Washington DC.

Coordinador y fundador
Banda El Salvador "Grande como su gente"

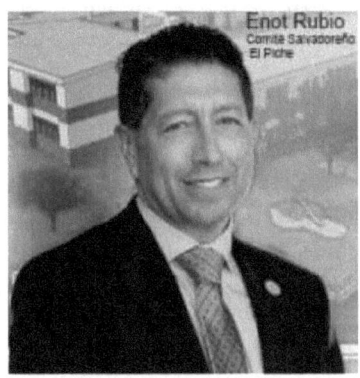

Enot Rubio

Enot Rubio, es un salvadoreño nacido en una comunidad de la zona rural del departamento de La Unión, en el municipio de El Carmen; específicamente en el Cantón El Piche.

Enot Rubio, es un salvadoreño comprometido con su país y un hombre de muy altos principios y valores; se encuentra radicando, desde hace más de cuarenta años en Los Ángeles, California; y pese al tiempo y la distancia, él no ha dejado de creer en el pueblo salvadoreño, no ha dejado atrás a su tierra, y no ha dejado atrás a su gente.

Su esposa Gloria, de nacionalidad mexicana, y sus hijos Katya y Enot Jr. son su principal inspiración y apoyo para seguir luchando por las personas más necesitadas; es así, como hace veinticuatro años, nace el comité salvadoreño El Piche el cual impulsa proyectos que buscan el beneficio para las personas que más lo necesitan, y llevar el desarrollo a aquellas comunidades menos afortunadas de los pueblos.

Al pasar del tiempo, el comité El Piche ha realizado obras tan importantes como: construcción de carreteras, construcción de clínicas comunitarias, construcción de casas comunales para apoyar en diferentes áreas a personas de bajos recursos, construcción de escuelas y envío de contenedores con insumos de ayuda humanitaria desde Estados Unidos hasta El Salvador.

A través del comité El Piche, algunas instituciones han apoyado a la "Banda El Salvador Grande Como Su Gente desde sus inicios.

Algunas de estas instituciones son el Ministerio de Defensa Nacional, la Policía de Turismo, el Ministerio de Relaciones Exteriores, el Ministerio de Educación, el Centro Internacional de Ferias y Convenciones, sin dejar de mencionar el gran apoyo recibido por el Señor Vicepresidente de El Salvador el doctor Félix Ulloa, cuya ayuda a sido invaluable en esta aventura de la banda musical.

Rosas al ritmo de la esperanza

Dobyns-Bennett High School Band
Kingsport - Tennessee USA

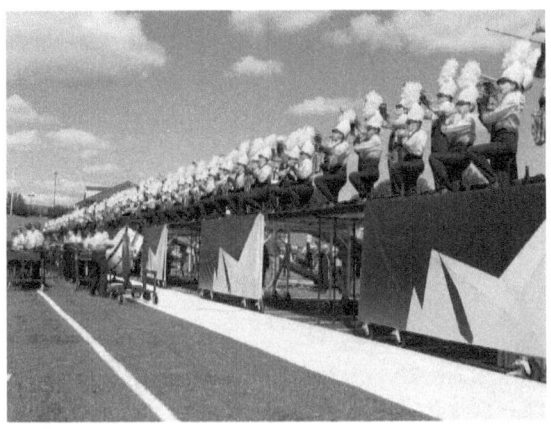

La pequeña ciudad de Kingsport, Tennessee es el hogar de Dobyns-Bennett High School Band. La ciudad tiene alrededor de cincuenta mil habitantes y está ubicada en las montañas del noreste de Tennessee.

Es una comunidad industrial que está localizada en las cercanías de donde la compañía de productos químicos, llamada Fortune 500 tiene su sede central. Esta es la principal fábrica de la ciudad de Kingsport.

Los habitantes de Kingsport son gente trabajadora y la ciudad cuenta con una belleza en cuanto a naturaleza se refiere, debido a su ubicación en las estribaciones de los Montes Apalaches.

Es conocida por sus tradiciones musicales tan arraigadas en el tiempo en que se desarrolló la música bluegrass.

Se desconocen los orígenes exactos de la banda de Dobyns-Bennett High School, pero se fundó en 1926, después de la inauguración del High School Dobyns-Bennett, en aquel entonces conocido como el High School de Kingsport.

Desde sus inicios y ya casi por un siglo, la banda ha recibido un increíble apoyo por parte de la comunidad de Kingsport.

Lafe Cook es el director de la banda del Dobyns-Bennett High School y la banda hoy día cuenta con 383 miembros.

Los grandes logros que la banda ha conquistado se deben a un poderoso equipo de directores, los miembros de la banda y la comunidad.

Entre ellos, la banda cuenta con el apoyo de Ryan Gilbert como Director Asociado de Bandas, Turner Hawkins como Subdirector de Bandas, Lindsay Vasko como Director de Percusión y, Jed Garvey, director de Colorguard.

Para todos los miembros de la banda, fue un momento emocionante y de gran alegría cuando recibieron la invitación para participar del Desfile del Torneo de Rosas 2020, después de ganar el campeonato nacional clase 3A en el Gran Campeonato Nacional Bandas de América 2019 en Indianápolis, Indiana.

La banda de Dobyns-Bennett High School fue fundada para proporcionar una oportunidad a los estudiantes en la floreciente comunidad de Kingsport a principios del siglo XX.

La banda no está patrocinada por ninguna organización gubernamental, pero hay muchos colaboradores de empresas privadas y personas de la comunidad que apoyan las presentaciones de la banda.

La mayoría de los gastos de viaje cuando salen al exterior son cubiertos por los estudiantes y por la recaudación de fondos en la comunidad.

Algunos de los principales colaboradores de la

comunidad son el conglomerado de atención médica local Ballad Health, Eastman Chemical Company, Eastman Credit Unión, el ex alcalde de Kingsport John y su esposa Etta Clark Sam y DeLois Anderson, y otras empresas locales.

La prensa local juega un papel importante para alcanzar los objetivos de la banda y la mayoría de las veces cubren eventos de recaudación de fondos, juegos de fútbol televisados con la banda, sus presentaciones son transmitidas por la televisión local durante el día, lo mismo que la radio y otros medios periodísticos.

Actuar en el Desfile de Las Rosas será una celebración para toda la comunidad donde la banda tocará principalmente marchas militares.

Muchos padres de los estudiantes viajarán con ellos como acompañantes para disfrutar de ese magno evento en Pasadena, California.

Los miembros de la banda saben que el presentarse en Pasadena en tan grandiosa ocasión no es una tarea fácil, pero los miembros de la banda son disciplinados y practican todos los días durante la clase de banda y tres días a la semana después del horario escolar.

Entre tantos premiso que la banda Dobyns Bennett ha logrado se encuentran los siguientes que son los más importantes:

• Desfile de Torneos de Rosas en Pasadena 2002, 2007, 2014, 2020
• Desfile del Día de San Patricio de la ciudad de Nueva York 2018
• Bands of America (BOA) Clase AAA Campeón Nacional 2018
• BOA Grand National Finalist 2016, 2017, 2018 (Sextos finalistas a nivel nacional y el más alto en TN)
• BOA Gran Semifinalista Nacional 2008, 2009, 2013,

2014, 2015, 2016, 2017, 2018
• Campeones regionales de las Bandas de América (BOA) 2013, 2014, 2015, 2016
• Escudo Sudler de la Fundación John Philip Sousa 2014

• Desfile del Día de Acción de Gracias de Macy 2004, 2011
• El desfile presidencial inaugural 2013
• El Alcalde del Desfile del Milenio 2000 de Londres
• Actuación destacada en el juego de fútbol 2011 de la Universidad de Tennessee
• Concurso de Campeones Tennessee Governor's Cup 2006, 2007, 2014
Banda de Concierto
• Carnegie Hall Performance 2018
• Convención de la Asociación Americana de Bandmasters 2017
• La Convención de Educación Musical de Tennessee 2000, 2004, 2008, 2012, 2016, 2020
• Festival de Wind Band de Nueva York en el Carnegie Hall 2015
• La Clínica Internacional de Orquestas y Bandas del Medio Oeste 2002, 2009
• Convención Internacional de Artes de Percusión 2009

Director de Banda
Dobyns Bennett High School

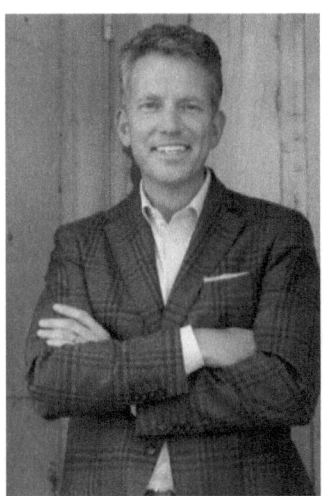

Lafe Cook.

Lafe Cook ha sido el director de la banda de la escuela secundaria de Dobyns Bennett por veintitrés años consecutivos en Kingsport, Tennessee y este es su veintisietavo año trabajando para la escuela secundaria Dobyns Bennett.

Cook se graduó de la Universidad de Tennessee, Knoxville, donde fue Tambor Mayor del Orgullo de la Banda Marchante de Southland y asistente graduado del departamento de música.

Enseñó en E.C. Glass High School en Lynchburg, Virginia, durante seis años antes de trabajar con la escuela secundaria de Dobyns-Bennett

Las responsabilidades de enseñanza del Lafe Cook en la escuela secundaria Dobyns-Bennett incluyen dirigir la Sinfónica del Viento, la Banda de Marcha y coordinar el programa anual de la banda de que tiene un total de trescientos setenta y cinco miembros.

Cook es el Supervisor de Bandas Secundarias para las Escuelas de la Ciudad de Kingsport.

También ha funcionado durante dos períodos como miembro de la junta directiva del Kingsport Ballet y actualmente sirve a la Ciudad de Kingsport como un enlace con respecto a las mejoras en la infraestructura y la atmósfera de artes y entretenimiento de esta ciudad a través del movimiento One Kingsport.

Cook es presidente de la Asociación de Educación Musical de Tennessee, expresidente estatal de la Asociación de Educación Musical de Tennessee, ex presidente de la Asociación de Bandmasters de Tennessee y ex presidente de la Asociación de Orquesta y Banda del Este de Tennessee.

Cook ha recibido en cinco oportunidades un reconocimiento de excelencia por parte de la Asociación Nacional de Bandas y ha sido homenajeado por la Fundación John Philip Sousa como un Laureado de Bandera de Honor de Sudler.

Fue nombrado "Aide de Camp" para el gobernador del estado de Tennessee en 2005.

Cook fue también elegido miembro de la prestigiosa Asociación Estadounidense de Bandmasters en 2008.

Bajo la dirección de Cook, la banda Dobyns-Bennett se ha presentado en dos desfiles del Día de Acción de Gracias de Macy's.

También bajo su dirección, la banda fue elegida Campeón Nacional AAA Bands of América Class 2018.

Participaron en el Carnegie Hall completamente lleno en la ciudad de Nueva York en el 2018 y será la cuarta vez que participen en el Desfile de Las Rosas.

Japan Honor Green Band
Japan

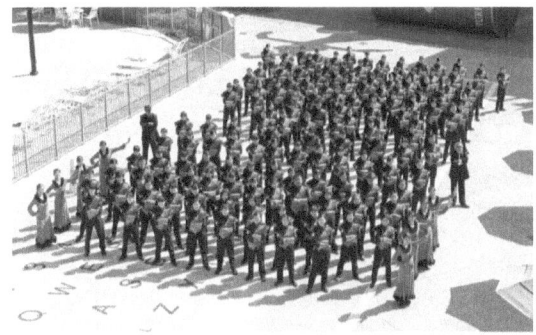

Japan Honor Green Band se fundó a través de la organización sin afanes de lucro Green Band Association, la cual ha patrocinado muchas presentaciones de bandas de música a nivel internacional, incluidas las bandas de música japonesas que han actuado en diez de los últimos once años en el Desfile de las Rosas.

La banda en particular fue seleccionada para incluir miembros de todo Japón, en reconocimiento de que este año es el año de los Juegos Olímpicos en Tokyo.

La búsqueda empezó haciendo algunas audiciones para aceptar miembros de todo Japón.

Así se inició la Japan Honor Green Band. Su objetivo era viajar a Pasadena, California y dar lo mejor durante el Desfile de las Rosas en enero de 2020.

Para esta presentación se escogieron ciento setenta miembros entre las edades de dieciseis y veintitres años quienes bajo la dirección del Sr. Masayuki Taketani, tocarán canciones de rock y pop de ritmo rápido, incluida música de temática latina.

Los miembros de la banda provienen de diferentes areas

de Japón, incluidos Izumo, Hiroshima, Kobe, Osaka, Nara, Kyoto, Nagoya, Gifu y de algunas escuelas en Hokkaido.

La banda está compuesta por estudiantes que representan las características culturales y demográficas generales de Japón en su conjunto.

Algunas de las escuelas están ubicadas en áreas consideradas más rurales, pero, por regla general, los japoneses viven en áreas relativamente pobladas en comparación con la mayoría de los estudiantes de bandas estadounidenses que se presentan en el Desfile de las Rosas.

La sociedad japonesa requiere que los estudiantes cumplan con estrictos estándares de comportamiento, lo que resulta en un cumplimiento predecible y respetuoso de las instrucciones de los directores y otros líderes adultos.

Los miembros de Japan Honor Green Band están muy agradecidos con Japan Airlines por el apoyo brindado para cubrir algunos de los gastos de transporte del equipo, ya que cada estudiante y sus familias son responsables de sus propios gastos de viaje.

La mayoría de los músicos de la banda son estudiantes universitarios pero también hay algunos menores de edad.

Los estudiantes japoneses aprenden independencia y responsabilidad a una edad temprana, e incluso los menores de edad están bien preparados para actuar con la mínima supervisión de los chaperones adultos.

El director de la banda es asistido por miembros del personal profesional de la Green Band Association.

La mayoría de los estudiantes de las bandas japonesas son mujeres y un grupo menor son varones y esta banda no es la excepción.

Los estudiantes de bandas japonesas tienen un

horario muy estricto para su aprendizaje y prácticas musicales.

Las bandas musicales japonesas son relativamente nuevas y muchas bandas han agregado su propio sabor al estilo de marcha al agregar movimientos de baile y otras técnicas de actuación especializadas que han producido una reputación de expresión artística que es especialmente popular entre el público estadounidense.

Además del tiempo dedicado a sus estudios académicos, la mayoría de los miembros de la banda practican durante una a dos horas antes de entrar la escuela y dos o tres horas después que la escuela finaliza.

También practican los sábados y domingos durante todo el año con muy pocas excepciones.

Una vez que los integrantes se unen a la banda, sus prácticas se convierten en su única actividad extracurricular, en lugar de los deportes y otras opciones, por lo que prácticamente se convierte en una meta en sus vidas.

Debido a esta dedicación a su arte, pueden producir una competencia musical que generalmente supera a la de los estudiantes de EE. UU. y otras culturas donde los estudiantes generalmente dividen su tiempo entre varias áreas como uno o más deportes, oficios industriales, como talleres de automóviles, carpintería, soldadura y otras diversiones como salidas sociales y pasatiempos.

La mayoría de las bandas japonesas son una parte muy importante de la comunidad en la que están ubicadas y cuentan con un apoyo incondicional de organizaciones de refuerzo de banda y conciertos y otras actuaciones muy concurridas.

Los patrocinadores de la banda incluyen miembros de la comunidad y no se limita a los miembros de la familia de los estudiantes de la banda.

Rosas al ritmo de la esperanza

La cobertura de prensa comúnmente incluye periódicos, radio y estaciones de televisión locales.

Japan Honor Green Band se fundó este año y como banda no ha recibido ningún premio, pero estamos muy orgullosos de todos los premios que sus miembros han recibido en el pasado a nivel nacional e internacional.

Director de Banda
Japan Honor Green Band

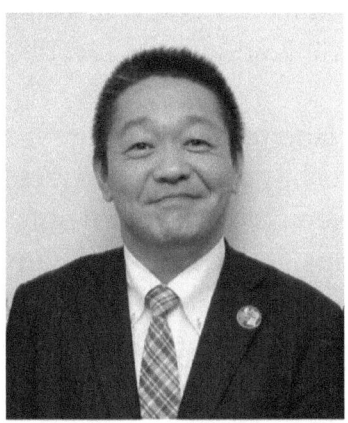

Masayuki Taketani

El director de Japan Honor Green Band, el Sr. Masayuki Taketani, es un director galardonado que ha enseñado música desde finales de la década de 1990.

Taketani nació en Hyogo e hizo sus primeros estudios musicales especializándose en trompeta en Osaka Music College.

En 1996 y 1997, mientras estudiaba en el Osaka Music College, dirigió la orquesta de la ópera Tutti.

Después de su graduación, los centros de enseñanza musical en los que Taketani trabajó fueron las escuelas secundarias Hikami, Akashikita, Akashi Josai y Akashi Minami.

Su experiencia en educación musical y enseñanza se ha centrado en el área de Osaka.

Después de graduarse con altos honores de la universidad de música en Osaka, Taketani estableció una carrera notable como director y líder joven y talentoso, llevando a sus escuelas a múltiples concursos en todo Japón, tanto en función de director de conciertos como de director de bandas de música.

Dirigió la banda de Akashikita High School cuando participó en el Desfile de las Rosas de 2008.

También funcionó como director de la Banda Verde de Honor de Kansai en el Desfile de las Rosas del 2010.

Estudió piano con Kawamura Toshiko, Matsuo Eiko y Fujita Hiroshi y aprendió a tocar la trompeta con Arima, Kuroda Kenichiro y D. Doyon.

Sus estudios de dirección de banda y dirección de orquesta los realizó con Kato Kanji, Matsuo y Tsujii.

Ha obtenido varios premios en competencias en Japón.

En el año de 2002 ganó premio de plata con la banda concierto de Akashikita High School, en una competencia nacional en Japón.

En el 2002 participó con la banda del Akashikita High School en el Festival de la Marcha a nivel nacional en Japón y ganó Premio de Oro en la categoría de Banda de Concierto por tres años consecutivos 2002-2003 y 2004.

Nuevamente dirigiendo esta banda, participó en los años del 2002 al 2006, ganando el Premio de Oro cada año.

Internacionalmente compitió en los años 2004 y 2005 y nuevamente en el año 2007 y en el 2008 en los Estados Unidos.

Dirigió a su banda en un concierto benéfico en Florida en 2012.

En el 2005 fue Director de Orquesta en el Festival de Arboricultura.

En el 2015 participó en El Conjunto de Viento del Festival de Síntesis Cultural de una escuela secundaria de

Rosas al ritmo de la esperanza

Japón

Taketani fue transferido a la escuela secundaria Akashi Minami en abril del 2018.

Desde entonces, ha continuado una carrera activa en concursos nacionales e internacionales, produciendo un programa multifacético de renombre musicalmente hablando.

Rosas al ritmo de la esperanza

Rosas al ritmo de la esperanza

Alhambra High School
Mark Keppel High School
San Gabriel High School
Musical Bands

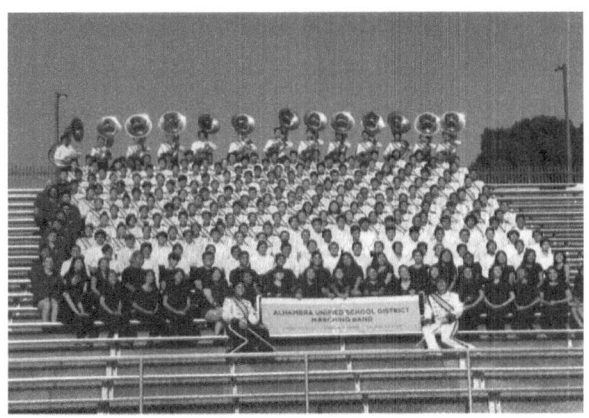

Alrededor de trescientos estudiantes multiculturales y multilingües de cuatro ciudades en tres escuelas secundarias con tres directores de banda se unieron para convertirse en la banda que participará en el Desfile de Las Rosas 2020.

A diez millas del centro de Los Ángeles, en el paraíso global que es el Valle de San Gabriel, el 70% de las familias hablan un idioma que no es inglés.

Es aquí donde los estudiantes del Distrito Unificado de Alhambra, hablan más de diecisiete idiomas, y muchos son graduados de secundaria de primera generación y los primeros en su familia en ir a la universidad.

Rosas al ritmo de la esperanza

Los hilos mágicos en esta comunidad rica y diversa de AUSD son la creencia en el poder de la educación, una voluntad feroz de trabajar dos veces más duro para tener éxito y un abrazo de las artes como un camino hacia la equidad.

Las ciudades de Alhambra, San Gabriel, Monterey Park y Rosemead en el Valle de San Gabriel envían a sus estudiantes, que son 60% asiáticos, isleños del Pacífico y 38% hispanos latinos, a las tres escuelas secundarias integrales de AUSD.

En los centros educativos de Alhambra, Mark Keppel y San Gabriel, cada escuela tiene su propia Banda de Honor, cuyos integrantes son estudiantes del noveno al doceavo grado.

Las filosofías ARTS Advanced AUSD y # Arts Ed 4 Equity del Distrito muestran su compromiso con la educación musical y las artes visuales y escénicas como una forma de potenciar el aprendizaje en todas las materias mientras ayudan a los estudiantes a desarrollar habilidades vitales de la vida social y emocional como la empatía, el enfoque, el trabajo en equipo y la colaboración.

La Fundación Educativa Alhambra financia un programa de "Música y más" para los grados K-8 de AUSD como parte de la Campaña de Educación Artística del Distrito.

En el 2017, una invitación especial para audicionar para el Desfile de las Rosas 2020 vino de Laura Farber, CEO y presidente del Tournament of Roses 2020. Farber es la primera latina en 130 años que lleva haciéndose este desfile y también es una querida alumna de Alhambra Unified School District.

Estas tres escuelas secundarias y sus directores unieron sus bandas en una Banda de Marcha AUSD 2020 expresamente para la audición.

Rosas al ritmo de la esperanza

Ya se habían unido anteriormente en el 2007, cuando el Distrito fue elegido para presentarse en el Desfile de las Rosas del 2009.

El director de la banda de Alhambra High (AHS) quien es también el Director del Departamento de Artes Visuales y Escénicas, Mark Trulson, explica que aunque hay audiciones de la Banda de Honor, "Nunca rechazamos a nadie que quiera tocar".

De hecho, su banda, ha admitido estudiantes que nunca han tocado un instrumento.

"Un estudiante vino a verme en septiembre y dijo que siempre quiso tocar la tuba y que quería marchar tocando el instrumento en el Desfile de las Rosas.

Yo le dije "está bien" dijo Trulson. "Cuando yo tenía catorce años, un director de la banda me dio la misma oportunidad. Fue un regalo increíble para mí, y nuestro estudiante también la tendrá".

La Banda de Alhambra High School tiene músicos de educación especial y nuevos estudiantes que recientemente llegaron al distrito en los últimos meses.

"En el Distrito Escolar de Alhambra, creemos en la inclusión, lo que significa que todos pertenecen", concuerda el director de la banda de Mark Keppel High, Justin Lee.

"Las bandas en cada una de nuestras escuelas secundarias incluyen estudiantes sin hogar, estudiantes que viven en hogares sustitutos, estudiantes que están aprendiendo inglés, estudiantes trilingües, otros que trabajan para ayudar a sus familias, ó que están tomando cursos adicionales para ahorrar en la matrícula universitaria, estudiantes que nunca han tenido una clase de música, estudiantes que han estado tocando desde que tenían cuatro años, aquellos con discapacidades y estudiantes que participan en otras actividades escolares además de los de la Banda de Honor".

Rosas al ritmo de la esperanza

Según Lee, lo que une a los estudiantes de las tres escuelas secundarias, es una ética de trabajo que los inspira a seguir adelante cuando otros se rinden.

Para crear una cultura de unión entre sus estudiantes de la banda, Lee y sus estudiantes adoptaron la capacitación del Sistema de Valores Brene Brown donde cada uno eligió tres valores principales y el grupo en su conjunto votó por los valores de la Banda de Marcha MKHS 2020.

"Los niños eligieron compromiso, eficiencia y familia como los valores de nuestra banda", dice Lee.

"Ahora usamos esos valores como una forma abreviada para volver a la normalidad, para recordarnos alinear nuestras acciones con nuestros valores para convertirnos en nuestro mejor ser"

Lee cuenta la historia de una estudiante de primer año que llegó a su clase recientemente y comenzó a llorar descontroladamente.

"Finalmente entendimos que había perdido algo y temíamos que nos hubiera decepcionado a todos y que yo me enojaría", dijo Lee.

"Un miembro de la banda dijo en voz baja:" Familia ".

Su reacción fue instantánea: la estudiante dejó de llorar, se relajó visiblemente e incluso su llanto se transforma en una sonrisa.   Somos una familia."

En octubre, Lee publicó sus propios tres valores personales en la sala de ensayo de la banda y estaba ocupado pegando los valores de cada estudiante en sus casilleros.

"Es lo que usamos para nuestra rutina antes de empezar los ensayos diariamente y a las intensas sesiones de práctica de estiramiento para prepararnos para el 1 de enero de 2020".

Rosas al ritmo de la esperanza

Ben Coria, se unió a AUSD en 2017, trayendo consigo quince años como educador musical y compositor.

Es su primera vez que dirige una banda de música.

Muchos de sus estudiantes de la Banda del High School de San Gabriel son inmigrantes que han llegado recientemente a los Estados Unidos.

En su mayoría son asiáticos e isleños del Pacífico, con aproximadamente un 20% de hispanos latinos.

Algunos tienen un llamado musical fuerte mientras que otros están aprendiendo.

Debido a que los padres trabajadores de SGHS no tienen el lujo del tiempo para convertirse en promotores activos de la banda, los estudiantes de la banda se motivan a sí mismos.

Como parte de su objetivo de retribuir a la comunidad, la SGHS 2020 Marching Band actuó en 626 Golden Streets y las tres bandas de la escuela secundaria se presentaron en eventos de la comunidad local, como Monterey Park Playdays Parade, Sierra Madre 4th 4th Parade, Veteran's local Desfiles diurnos y otros en todo el condado de Los Ángeles, así como para recaudar fondos para la Fundación Educativa Alhambra.

La banda de música compuesta AUSD 2020 Marching, 51% de la cual es femenina, está compuesta por una mezcla multicultural de 50/50 estudiantes de estudiantes de las islas de Asia y el Pacífico y de los hispanos latinos. Tiene un total combinado de casi 300 miembros de la banda, incluidos seis tambores mayores (tres de los cuales son mujeres), seis portadores de pancartas y 32 guardia de color y seis bateristas femeninas.

Aunque la Banda de Marcha AUSD 2020 fue creada uniendo las bandas de tres escuelas secundarias especialmente para el Desfile de las Rosas 2020: el distrito, sus escuelas, estudiantes, personal y familias han creído durante mucho tiempo en el poder transformador de la educación musical y el servicio comunitario

Con el apoyo del Distrito Escolar Unificado de Alhambra, la Fundación Educativa Alhambra, un ejército de voluntarios de la comunidad y familias de bandas, cada banda de la escuela secundaria Marching Band 2020 practica diariamente, los fines de semana, durante el campamento de verano y las tres bandas se unen para practicar como AUSD 2020 Banda de marcha. Para reflejar el tema de 2020 del Poder de la Esperanza, la Banda Marchante de AUSD 2020 está tocando cuatro canciones alegres y de música pop que incluyen Don't Stop Believing y Good to Be Alive. Eric Resendiz de ABC 7 compartió el viaje de la Banda de Marcha de AUSD 2020 a la actuación de toda una vida el 1 de enero de 2020, en una historia de dos partes.

El columnista local, Glenn Barnett, informa sobre el trabajo estimulante y agotador que se necesita para que 300 estudiantes y directores de tres bandas de tres escuelas secundarias se unan como una Banda de Marcha AUSD 2020 para estar listos para el Desfile de las Rosas.

La Banda Marchante de AUSD 2020 le regaló a Laura Farber un homenaje sorpresa el 20 de noviembre: una bandera con el Poder de la Esperanza traducido a los 17 idiomas de los estudiantes de la banda multilingüe. Los estudiantes de AUSD se han sentido conmovidos por el viaje multicultural, bilingüe e inmigrante de Laura Faber dedicado al liderazgo, el servicio, la educación y la tutoría estudiantil.

Cuando los estudiantes ven una alumna de AUSD, alguien como ellos, que modela la fuerza y la determinación que se necesita para marcar la diferencia, cambia todo. Todos los que somos parte de la comunidad del Distrito Escolar Unificado Alhambra decimos:

Rosas al ritmo de la esperanza

¡BRAVO! Laura Farber, CEO y Presidente del Torneo de las Rosas 2020, ¡por ser la inspiración que nuestros estudiantes necesitaban!

Rosas al ritmo de la esperanza

Director de Banda
Alhambra High School

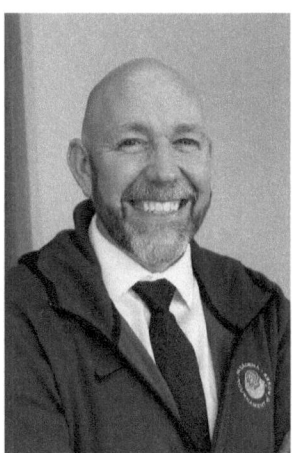

Mark Trulson

Mark Trulson es el director de la Banda de Alhambra High School (AHS) y el Director del Departamento de Artes Visuales y Escénicas.

Mark Trulson, explica que aunque ellos si tienen audiciones para la Banda de Honor, nunca rechazan a nadie que quiera tocar con la banda.

De hecho, la banda de Alhambra ha tenido casos de estudiantes que nunca habían tocado un instrumento musical.

"Un estudiante vino a verme en septiembre y dijo que siempre quiso tocar la tuba y que su sueño era tocar el instrumento en el Desfile de las Rosas, y yo le dije que estaba bien" dijo Trulson y luego añadió.

"Cuando yo tenía catorce años, un director de la banda me dio a mí la misma oportunidad".

Rosas *al ritmo de la esperanza*

Fue un regalo increíble para mí y nuestro estudiante de Alhambra High School está tocando muy bien".

La Banda del Alhambra High School tiene entre sus integrantes estudiantes de educación especial y nuevos estudiantes que llegaron al distrito en los últimos meses.

Director de Banda
Mark Keppel High School

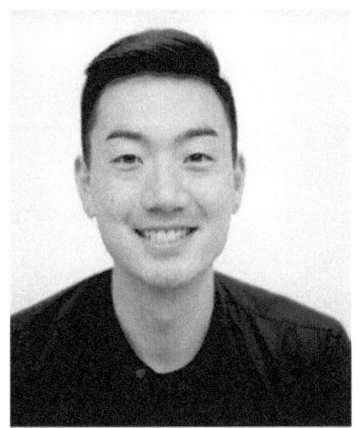

Justin Lee

"En AUSD, creemos en la inclusión, todos pertenecen", concuerda Mark Keppel High School, director de la banda, Justin Lee. "

Las bandas en cada una de nuestras escuelas secundarias incluyen estudiantes sin hogar, estudiantes en cuidado de crianza, estudiantes que aprenden inglés, estudiantes trilingües, aquellos que trabajan para ayudar a sus familias, los que están tomando cursos adicionales para ahorrarse la matrícula universitaria, estudiantes que nunca han tenido una clase de música, estudiantes que han estado tocando desde que tenían cuatro años, algunos con discapacidades y estudiantes que participan en otras actividades escolares además de la Banda de Honor.

De acuerdo con lo que dice Lee, lo que une a los estudiantes de las tres escuelas secundarias es una ética de trabajo que los inspira a seguir adelante cuando otros se rinden.

Rosas al ritmo de la esperanza

Para crear una cultura de vinculación entre sus estudiantes de la banda, Lee y sus estudiantes del Mark Keppel High School adoptaron la capacitación del "Sistema de Valores Bren Brown" donde cada miembro de la banda eligió sus tres valores principales y el grupo en su conjunto votó por los valores de la Banda de Marcha MKHS 2020.

"Los estudiantes eligieron el compromiso, la eficiencia y la familia como los valores principales de nuestra banda", dice Lee.

"Ahora usamos esos valores como una forma, de recordar que témenos que alinear nuestras acciones con nuestros valores para convertirnos en un mejor ser humano".

Lee cuenta la historia de una estudiante de primer año que llegó a clase recientemente y comenzó a llorar descontroladamente.

"Finalmente entendimos que había perdido algo y temíamos que nos hubiera decepcionado a todos o que quizás yo me enojaría" dijo Lee.

"Otro estudiante de la banda dijo en voz baja:" Familia.

La reacción de la joven que lloraba fue instantánea; dejó de llorar, se relajó visiblemente aliviada e incluso pudo sonreír.

Justin Lee escribió en un poster los tres valores personales de la banda en la sala de ensayo y en cada uno de los casilleros de sus estudiantes.

"Repetimos esos tres valores antes de dar inicio a las intensas sesiones de práctica de estiramiento para estar listos para el 1 de enero de 2020".

Director de Banda
San Gabriel High School

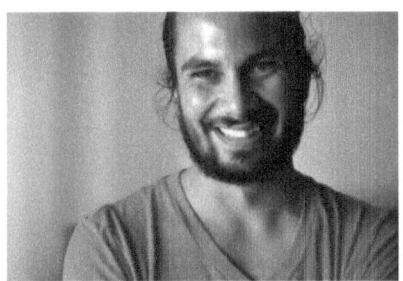

Ben Coria

Ben Coria es un profesor de música que por primera vez dirige una banda de música.

Ben Coria, se unió al Distrito Unificado de Alhambra en el 2017, trayendo consigo quince años de experiencia como educador musical y compositor.

Muchos de sus estudiantes de la Banda de San Gabriel High School son inmigrantes.

En su mayoría son asiáticos e isleños del Pacífico, y aproximadamente un 20% son latinos.

Algunos tienen conocimientos musicales mientras que otros están aprendiendo.

Debido a que los padres de familia de los estudiantes de San Gabriel High School no tienen el tiempo para convertirse en promotores activos de la banda, los estudiantes de la banda se motivan a sí mismos.

Como parte de su objetivo de retribuir a la comunidad, la banda de San Gabriel High School se ha presentado junto con otras bandas en eventos de la comunidad local, como Monterey Park, Playdays Parade, Sierra Madre 4th Parade, Veteran's local.

Rosas al ritmo de la esperanza

Han tocado en algunos desfiles diurnos en todo el condado de Los Ángeles, para poder recaudar fondos para los gastos de la banda.

La Banda
Owasso High School
Oklahoma

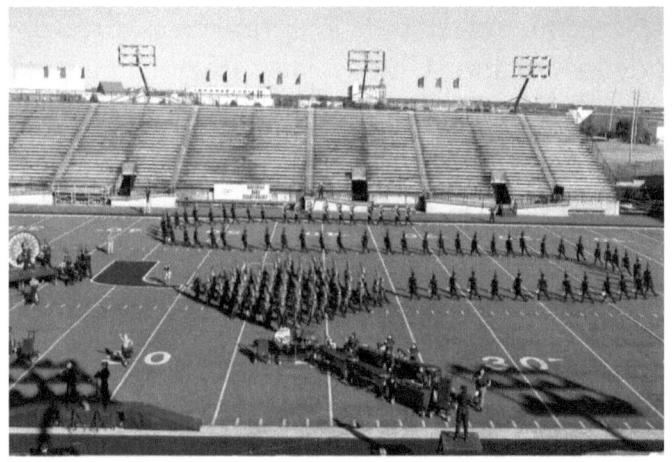

La Banda de la Escuela Secundaria Owasso es más bien conocida por su apodo "El Orgullo de Owasso".

La banda ha sido exitosa desde su Fundación a principios de la década de los 70's.

Actualmente cuenta con trescientos ocho estudiantes en la banda en edades de catorce a dieciocho años.

Owasso High School es la cuarta escuela secundaria más grande del estado de Oklahoma.

Está situada a solo 10 minutos del aeropuerto internacional de Tulsa.

Muchas personas de la comunidad trabajan para la industria de las aerolíneas.

Owasso es el hogar de aproximadamente treinta y siete mil personas.

Rosas al ritmo de la esperanza

La banda se fundó con el propósito de complementar y apoyar a los programas deportivos que ofrece la escuela secundaria de Owasso.

Los habitantes de Owasso celebraron con mucha alegría la gran noticia de haber sido aceptados por el Comité del Tournament of Roses.

Después de una cuidadosa revisión de las participaciones de la banda por medio de videos, fotos y cartas de recomendación de los principales directores de banda de los Estados Unidos, sus esfuerzos dieron fruto y comenzaron las prácticas para dirigirse a California.

"La fundación para los gastos de la banda está parcialmente cubierta por el gobierno local.

Tenemos un presupuesto muy pequeño. La mayor parte del dinero se obtiene mediante la recaudación de fondos a nivel local.

Se organizan varios eventos para ayudar a los estudiantes a pagar los gastos del viaje.

"Organizamos un torneo de golf, una carrera de 5 km y un concurso de bandas de música por nombrar solo algunos" dice el director Chris Harris.

Chris Harris comenzó en Owasso como asistente de dirección en el año 2004 y fue nombrado director de la Banda del Owasso High School en el 2014.

La banda practica un promedio de 12 horas a la semana para preparar las seis canciones que tocarán en el Desfile de Las Rosas.

Además de los músicos de la banda, ocho directores y veinticinco adultos viajarán a Pasadena, California, para presentar un homenaje a las ramas militares de EE. UU aprovechando su visita con motivo del desfile.

Viajar desde Owasso hasta Pasadena es un gran reto para los que viajarán con la banda pero especialmente para los jóvenes músicos.

Las estaciones de noticias locales, el Owasso

Rosas al ritmo de la esperanza

Reporter y los medios de comunicación de Tulsa World cubrirán el evento para mantener a las familias informadas sobre sus actuaciones cuando viajan.

Los integrantes de la banda están muy orgullosos de haberlo logrado.

Esta será su sexta aparición en el Desfile de Las Rosas.

Previamente se presentaron en los años 1985, 1989, 1995, 2004, 2011 y ahora en el 2020.

Uno de los aspectos más destacados de la banda es haber recibido la Asociación John Philip Sousa que le otorgó el Premio Sudler Shield a la banda, además de los numerosos reconocimientos por sus presentaciones en varias competencias regionales y nacionales entre otras bandas de los Estados Unidos.

Otro logro registrado en la historia de la banda de Owasso High School es que fue nombrada la Mejor Banda General en el Desfile del Día de San Patricio en Dublín, Irlanda, en el año 2014.

Sin embargo, no todo ha sido serio y profesional para la banda.

Hubo un momento en que la banda fue seleccionada en un gran concurso en Texas donde era la única banda que no era de Texas.

El locutor anunció accidentalmente que la banda era de Owasso, Texas.

El espectáculo continuó, pero los miembros de la banda se sorprendieron por el error en el anuncio.

Rosas al ritmo de la esperanza

Director Banda
Owasso High School

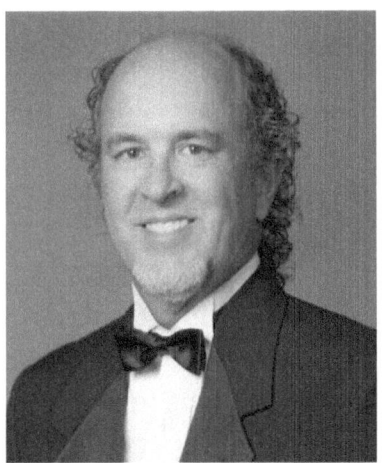

Chris Harris

Chris Harris ha enseñado en Owasso desde el año 2004.

En junio del 2014 fue nombrado Director de Bandas para las Escuelas Públicas de Owasso.

Harris se graduó de la Universidad de Oklahoma con una licenciatura y una maestría en educación musical en 1990 y 1992, respectivamente.

Dirige Wind Ensemble, Concert Band, Basketball Pep Band y enseña teoría musical.

Harris también dirige el Musical de Owasso High School cada primavera.

Harris previamente a ser el director de la banda de las escuelas de Owasso, instruyó a la Banda Sinfónica, la Banda de Concierto de 8° Grado y la Banda de Tambor de Acero de 8° Grado.

En los años 2006, 2010 y 2014, la Banda Sinfónica fue seleccionada para actuar como Banda de Honor en la Convención OKMEA.

The Wind Ensemble fue una Banda de Honor de OKMEA en 2017.

Su banda de concierto de 8° Grado recibió calificaciones Superiores consecutivas en el Concurso de Distrito de OSSAA durante nueve años consecutivos.

Las bandas de Harris han ganado 25 premios del sorteo de OSSAA y nueve premios de logros sobresalientes de la secundaria OSSAA.

También ha enseñado en los sistemas escolares Moore, Union y Broken Arrow.

Harris es miembro de Phi Beta Mu, OkMEA, NAfME y es el vicepresidente 2019-2020 de la Asociación de Bandmasters de Oklahoma.

Las actividades externas incluyen la realización de una sartén de acero al plomo para Something Steel, una banda de covers con base en la isla de Tulsa, y una actuación con la Barrel Fish Community Steel Band, que fundó en diciembre de 2018.

Harris también disfruta jugar fútbol mixto y oficiar partidos de fútbol.

Harris ha estado casado con su esposa Marti desde 1996.

Su hija Claire se graduó en el año 2019 del Owasso Band Program y actualmente es miembro de PRIDE la banda oficial del estado de Oklahoma.

Southern University Band
Human Jukebox

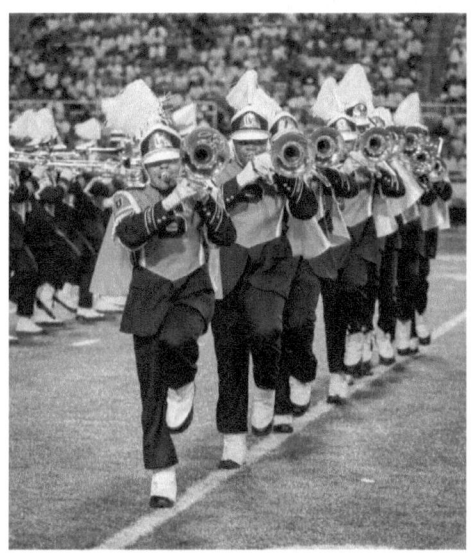

La banda de música de la Universidad del Sur también se conoce como "The Human Jukebox".

La banda puede realizar cualquier arreglo musical, darle una emoción recién descubierta e inspira a evocar ese "Viejo Espíritu del Sur" a la audiencia.

Los pasos altos de "Jaguar Rock" y las formaciones meticulosas son solo algunas de las habilidades que contribuyen al "flash" de Human Jukebox.

Los más de doscientos miembros de la banda han cautivado al público en todo el mundo y redefinido el término "banda de estilo universitario".

Su grupo de baile de diez miembros, "Las Dancing Dolls", es el adorno artístico del pastel.

Rosas al ritmo de la esperanza

  La Banda de la Universidad del Sur está dirigida por Kedric Taylor.

  También tiene otros instructores en el personal tales como Brian Simmons, quien es el subdirector.

  La banda ha actuado en cinco Super Bowls, tres inauguraciones presidenciales, cuatro Sugar Bowls y en varios videos musicales.

  En el año 2015, la banda sirvió como procesional para la gran llegada del campeón de boxeo profesional de renombre mundial Floyd Mayweather para amenizar la pelea de May Weather Pacquiao en Las Vegas.

  La banda fue anunciada recientemente como participante en el Desfile de Las Rosas 2020 que se llevará a cabo en Pasadena, California el 1ero de enero.

Southern University Band
Human Jukebox
Band Director

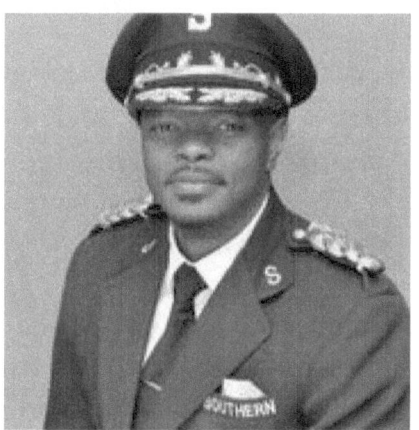

Kedric Taylor

Kedric Taylor es el Director de Banda de la Southern University A & M College en Baton Rouge, Louisiana.

Comenzó su carrera musical arreglando música en Mattie T. Blount High School en Mobile, Alabama, donde se desempeñó como Capitán de la Banda y asistente del director.

Se graduó de la escuela secundaria en el año 2002 y se mudó a Baton Rouge para asistir como estudiante a la Southern University.

Durante su etapa de estudiante en dicha universidad, marchó durante cuatro años con la banda Human Jukebox.

Mientras estudiaba su carrera, obtuvo el puesto de

líder de sección.

También estudió en la Escuela de Música Vandercook en Chicago, Illinois, y obtuvo un post grado en música.

Su educación continua lo ayudó a convertirse en profesor en la Facultad de Música de la Universidad del Sur, así como a convertirse en director asociado de bandas.

También se desempeñó como asistente del director de Mobile All-Star Band, así como de Feliciana Community All-Star Band.

Cuando se graduó de la Universidad del Sur en el año 2006, con un título en música, su carrera despegó de inmediato.

Su primer puesto docente fue en el Jackson School Complex en Jackson, Louisiana, y dos años más tarde empezó a trabajar en el Baker High School.

Taylor experimentó el sabor del reconocimiento, ya que sus bandas han tenido mucho éxito bajo su liderazgo.

Sus bandas ganaron muchos concursos y calificaciones superiores en el escenario del concierto.

Continuó desarrollando su repertorio musical y sus habilidades y finalmente obtuvo su Maestría en la Universidad North Central.

Después de su carrera de seis años como Director de Banda Principal en Baker High School, Kedric Taylor regresó a la Universidad del Sur, donde aceptó gustosamente el puesto de director asistente de la banda en su alma mater.

Como Director Asociado de Bandas, es responsable de organizar la música, ensayar la banda y dirigir los conjuntos de saxofón y viento.

Se ha desempeñado como juez de numerosas

competencias de bandas.

También ha sido clínico invitado en muchos distritos del sur.

Además de enseñar, es colaborador habitual de su comunidad.

Es el Director de Bandas del Instituto de Liderazgo de Luisiana, que consiste en escuelas secundarias de Luisiana.

Kedric Taylor es muy activo en su iglesia, donde tiene a cargo el ministerio de música.

Los objetivos de Kedric Taylor son continuar luchando por la excelencia y motiva a los jóvenes a seguir sus pasos en el campo de la música.

Rosas al ritmo de la esperanza

Elsinore Girls Marching Band
Helsinger Pigergade
Denmark - Europe

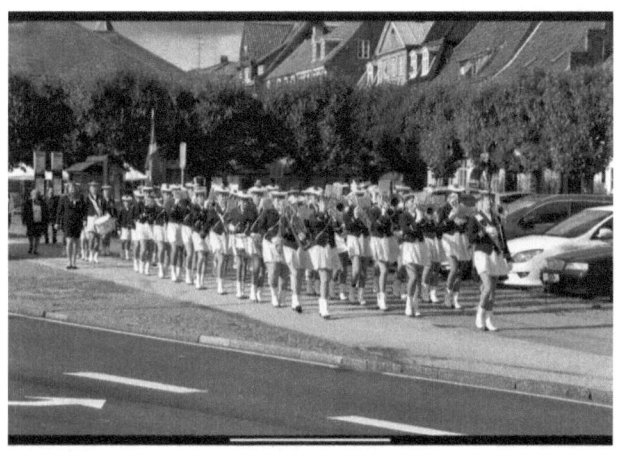

Elsinore Girls Marching Band (Helsinger Pigergade) fue establecida en 1957 por un grupo de personas de varias ciudades que tomaron la iniciativa de comenzar una banda de marcha de solamente niñas en Elsinore.

La maestra de danza Ellen Bager fue originalmente la que tomó esta iniciativa, cuando quería crear una banda de chicas en su escuela de baile.

El veterano Axel Stub-Nielsen se enteró de su idea y se emocionó tanto que quería que fuera una banda para toda la ciudad.

Se puso en contacto con un grupo de personas y presentó su visión de crear la Girl Marching Band en Elsinore y después de una votación en la asamblea general en el otoño de 1957; Elsinore Girl Marching Band era una realidad.

El comandante Hansen fue elegido presidente de Marching Band, permaneció como su presidente por diecinueve años hasta su fallecimiento.

Durante su tiempo de gestión, Elsinore Girl Marching Band se convirtió en un cuerpo de tambores y flautas cuyo resultado era una encantadora orquesta en armonía.

El comandante Hansen fue responsable de la disciplina militar, que también hoy es predominante en la expresión de Elsinore Girls Marching Band.

Durante los sesenta y dos años de historia de esta banda, solo ha habido tres directores.

A través de su testamento, el Mayor Hansen pasó la gestión a Herdis y Karl Koudahl, quienes administraron la Banda hasta el año 2000 cuando Sanne Koudahl Bergsaker (hija de Herdis y Karl) se hizo cargo.

Elsinore Girl Marching Band tiene 95 miembros, es una banda privada y está dirigida por voluntarios con Sanne Koudahl Bergsaker como directora no remunerada y siete asistentes no remunerados.

La Elsinore Girl Marching Band está financiada por una gran cantidad de conciertos y espectáculos de campo en Dinamarca y en el extranjero y una pequeña tarifa mensual pagada por las niñas.

Rosas al ritmo de la esperanza

La mayoría de los gastos de viaje están cubiertos por actividades de recaudación de fondos.

Para conocer un poco más el lugar de donde viene esta banda, tenemos que saber que Elsinore es un antiguo barrio ubicado junto al mar en el área metropolitana de Copenhague. Hay 62.500 habitantes.

Además de ser bien conocido por ser la cuna de la Elsinore Girls Marching Band, también Elsinore se enorgullece del castillo de Kronborg, famoso por la historia de Shakespeare Hamlet. Además, el Museo Marítimo de Dinamarca en Elsinore está en la lista de las 10 visitas obligadas del New York Times.

En 1983, Elsinore Girl Marching Band actuó para Su Alteza Real, la Reina Margrethe; y cabe anotar que esta banda sustituye a The Royal Guards Military Band de forma regular dado que las relaciones con la familia real danesa son profundas y cada año esta banda hace presentaciones para la reina.

La siguiente es una lista de los muchos premios y reconocimientos que la banda Elsinore Girl Marching Band ha logrado a lo largo de los años, además de mencionar que esta banda hizo un concierto en el castillo de Berleburg, donde estuvo presente su alteza real la princesa Benedikte2019 Germany. Schützenfest in Bad Berleburg.

Rosas al ritmo de la esperanza

2018 France Saint Amand Montrond, Parades at town celebrations

2018 Czech republic: Second place

2017 Germany   Schützenfest in Iserlohn

2016 France   Bricquebec, Parades at town celebrations

2016 France Firminy, Parades at town celebrations

2015 France Gravelines, Parades at town celebrations

2014 USA   Rose Parade, Pasadena

2014 France   Denain og Fleurus (Belgium

2012 Canada   Calgary Stampede and world championship

2012 France 24 heures du Mans – Traditional parade at Le Mans

2011 Germany Iserlohn – Entertaining at the annual fair.

2011 France   Digne led Bains –Annual Lavender festival

2008 Japan Great Japan tour. Kyoto, Hiroshima and Tokyo

2007 Denmark 50th Anniversary Celebration

1998 USA California, Texas, Oregon and Washington State.

1988 USA Olympic Games

1978 USA California

1981 USA California – mostly near Los Ángeles, San Francisco.

Elsinore Girls Marching
Directora de la Banda

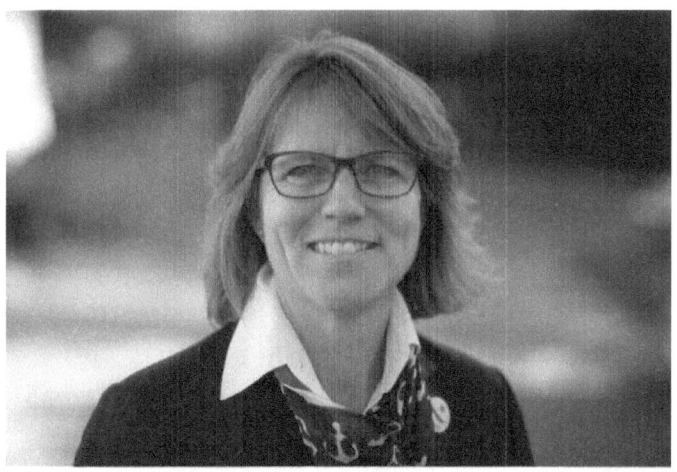

Sanne K. Bergsaker

Sanne K. Bergsaker empezó como asistente de la dirección de la banda en 1994 cuando sus padres fueron los directores.

En 1994 ella regresó en función de una de las chaperones de la banda.

En el año 2000, tomó la dirección de la Banda, y el cargo de manejar las presentaciones internacionales de la banda.

Desde que Sanne tenía nueve años, pertenecía al grupo de integrantes de la banda hasta que cumplió veintidós años y ahí fue cuando decidió dejarla por un tiempo.

De los sesenta y dos años que tiene la banda Elsinore de existir, ha habido solamente tres directores.

El primero fue El Mayor de la Ciudad. El dirigió la banda por diecinueve años hasta que falleció.

A raíz del deceso del Mayor, los padres de Sanne, Herdis y Karl Koudah fueron nombrados nuevos directores y ejercieron el cargo por veinticuatro años.

Sanne Koudahl Bergsaker y su esposo Kim Bergsaker tomaron el cargo de directores cuando los padres de Sanne dejaron su posición.

Durante sus cuarenta y tres años, Sanne solo ha estado fuera de la banda Elsinore por cinco años.

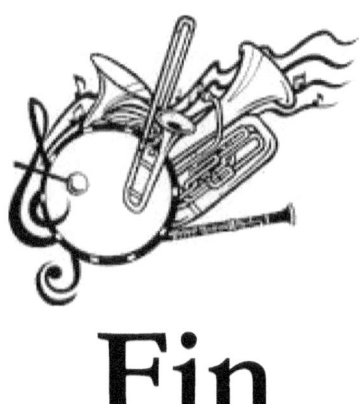

Fin

Rosas al ritmo de la esperanza

www.ingramcontent.com/pod-product-compliance
Lightning Source LLC
Chambersburg PA
CBHW030635220526
45463CB00004B/1527